마을목회 성경공부 교재

마을과 함께 주민과 더불어

세상을 살리는 마을목회(4권)

〈마을목회 성경공부 교재〉 마을과 함께 주민과 더불어

세상을 살리는 마을목회(4권)

2018년 9월 3일 초판 1쇄 인쇄
2018년 9월 8일 초판 1쇄 발행

엮은이 총회한국교회연구원
펴낸이 김영호
펴낸곳 도서출판 동연
등 록 제1-1383호(1992. 6. 12)
주 소 (03962) 서울시 마포구 월드컵로 163-3
전 화 (02)335-2630
전 송 (02)335-2640

Copyright ⓒ 총회한국교회연구원, 2018

이 책은 저작권법에 따라 보호받는 저작물이므로 무단 전재와 복제를 금합니다.
잘못된 책은 바꾸어드립니다.
책값은 뒤표지에 있습니다.

ISBN 978-89-6447-470-9 03200(세트)
ISBN 978-89-6447-474-7 03200

마을과 함께 주민과 더불어

총회한국교회연구원
〈2018 마을목회 성경공부 교재〉

세상을 살리는 마을목회

4권

총회한국교회연구원 편
책임 편집 노영상

동연

발간사

"거룩한 교회, 다시 세상 속으로"라는 총회 주제처럼 이미 세상 속으로 들어가 '빛과 소금'의 삶을 살고 계신 모든 사역자들과 주님께서 펼치신 섬김과 사랑으로 현장에서 목회하고 계신 목회자들이 함께 힘을 모아『마을목회 성경공부 교재: 마을과 함께 주민과 더불어』를 발간할 수 있게 하신 하나님께 기쁨과 영광을 올려드립니다.

이번에 발간하게 된『마을목회 성경공부 교재: 마을과 함께 주민과 더불어』는 현장 목회자뿐 아니라 성도 양육을 담당하고 있는 모든 분에게 도움이 되고자 하는 마음으로 시작된 연구프로젝트였습니다. '마을목회'는 목회자와 리더를 비롯한 구성원들이 함께 엮어가는 한 편의 드라마와 같습니다. 예수께서 마을을 두루 다니시며 병든 자, 억눌린 자, 가난한 자들을 만나 고치시고, 해방시키시고, 채워주셨듯이 이웃과 함께하는 것이 '마을목회'입니다.

'마을목회'는 공동체와 이웃의 어려운 이들을 돕는 것을 넘어, 지역사회를 복음화 하는 큰 장점을 가지고 있습니다. 한국교회의 성장은 정체단계를 지나 침체의 위기 앞에 놓여있습니다. 교회를 향한 불신과 거센 반감은 주변에서 쉽게 접할 수 있습니다. 이런 목회환경에서 교회와 사회, 성도와 목회자 모두 주 안에서 충만할 수 있는 목회가 마을목회입니다.

불과 50년 전만해도 우리는 이웃의 숟가락까지 셀 수 있을 정도의 생활구조였습니다. 1960년대는 먹을 것이 부족한 시대였지만, 옆집에 끼니를 걱정하며 내 것을 나누는 '정'도 넘쳐나던 시절이었습니다. 안타깝게도 지금은 모든 것이 파편화되어 조각난 현실입니다. 강력한 접착제가 필요한 시대입니다. 찢기고 깨져버린 이 현실을 회복시킬 수 있는 강한 힘은 오직 주님의 사랑뿐입니다. 예수님께서 십자가에서 보여주신 헌신과 섬김의 '사랑', 그 사랑이 교회를 채워 완전히 회복시킵니다. 주님의 사랑이 교회에 차고 넘쳐 이웃으로 마을로, 지역과 나라, 온 세계로 흘러가게 해야 합니다. 하나님의 나라는 이렇게 이 땅에서부터 실현됩니다.

집필에 함께해주신 목사님들과 교수님들의 노고에 진심으로 감사드립니다. 또한 이일이 잘 진행되도록 애써주신 원장 노영상 목사님과 실장 김신현 목사님, 간사 이정희 전도사님의 수고에도 감사의 마음을 전합니다. 항상 본 연구원을 위해 기도와 관심으로 살펴주시는 이사님들과도 발간의 기쁨을 함께 나눕니다. 이 성경공부교재를 가지고 진행하시는 모든 양육과 성경공부가 성공적으로 진행될 수 있기를 희망합니다. 하나님의 은혜와 평강이 모두에게 함께하시기를 기도합니다.

이사장 채영남 목사

(총회한국교회연구원)

추천사

하나님께서 창조한 이 세상을 바라보면, 세상을 사랑하사 독생자 예수님을 우리에게 보내신 주님의 크신 사랑으로 가슴이 뜨거워집니다. 하나님의 사랑 그 자체인 예수님은 제자들과 동고동락하시며 마을을 두루 다니시며 병든 자에겐 치유를, 눌린 자에게 자유를 선포하셨습니다. 이런 예수님의 실천적인 삶을 따라 우리도 마을을 두루 다니며 치유와 자유를 선포해야 할 것입니다. 120년 전, 복음을 들고 황무지와 같던 이 땅을 밟은 선교사들의 숭고한 정신으로부터, 가난과 기근의 시대, 자유민주주의를 수호하던 시대까지 교회는 세상에 요구에 답하며, 길을 제시하고 시대의 나아갈 바를 가리키며 실천하였습니다. 이 땅은 풍요롭고 번영된 삶은 하나님의 축복으로 되었음을 인정하지 않을 수 없습니다. 그러나 지금의 시대, 풍요하나 빈곤한, 자유하나 늘 외로운 시대, 단절되고 파편화된 이 시대의 요청에 교회는 어떤 대답을 하고 있습니까? 어떤 길을 제시하고 있습니까?

수십 년을 거치면서 한국교회의 현실은 냉담과 무관심 속에 어려워졌습니다. 강퍅한 삶의 무게 속에서 하나님에 대한 사랑도 점차 시들해가고 있습니다. 종교다원주의를 비롯한 반기독교적인 세력 등의 공격은 나날이 더 과격해지고 있습니다. 하나님이 창조하시고 우리를 통해 세상을 다스리시는 하나님의 선교가 이 땅에 온전히 실현되기 위해선 무엇을 어떻게 해야 할까요?

우리의 모습이 교회라는 성 안에서만 생활하는 것은 아닌가 생각해봅니다. 이젠 문을 열고 나와 할 때입니다. 주님께서 마을을 두루 다니시며 하나님의 사랑을 실현하셨듯이 우리도 그렇게 해야 합니다. 세상을 섬기는 교회로 거듭나야 합니다. 이것이 시대의 요청이며, 하나님의 요청입니다.

마을목회가 절실히 필요한 시대입니다. 네 이웃을 네 몸과 같이 사랑하라는 말씀을 구체적이고 현실적으로 실천할 수 있는 마을목회가 실현돼야 합니다. 농촌 지역뿐 아니라 도시지역을 비롯한 나라와 전 세계에서 필요합니다.

이런 때에 마을목회에 대한 고민을 성경을 통해 배우며 실천할 수 있는 교재가 발간되어 매우 기쁩니다. 구약과 신약에 드러난 마을목회에 대한 말씀연구가 좋습니다. 특히 나눔과 묵상을 통한 실천을 할 수 있도록 한 것이 좋습니다. 무엇보다 현재 마을목회를 현장에서 실천하고 계신 권위자들께서 동참해주셔서 실제적인 교재로 완성되어 좋습니다. 부디 이 교재를 통해 교회가 생명력 있는 마을교회로 거듭나 역동적인 마을목회를 할 수 있는 기회가 될 수 있기를 기대해봅니다.

제102회기 총회장 최기학 목사
(대한예수교장로회 총회)

| 차 례 |

발간사 / 04
추천사 / 06
마을목회의 핵심 전략 / 11

1권 ı 하나님 나라를 구현하는 마을목회　　　　　　　김도일

1장_ 하나님의 선교와 마을목회
2장_ 마을목회의 세계관
3장_ 마을목회와 하나님 나라 공동체
4장_ 마을목회와 지역교회의 연대
5장_ 마을목회와 선교적 교회론
6장_ 하나님 나라 사역으로서의 마을목회

2권 ı 마을과 함께하는 교회　　　　　　　　　　　　한국일

1장_ 예배의 장소에서 마을로 들어간 사마리아 여인
2장_ 공동체 기도의 전형인 주기도문
3장_ 교회교육과 지역사회 교육
4장_ 마을에서 세계로
5장_ 사회적 약자에 대한 섬김과 나눔의 책임적 신앙
6장_ 진정한 하나님의 사랑

3권 ㅣ 주민과 더불어 마을목회 실천하기   신정

    1장_ 생수의 강이 흐르게 하라 (광양대광교회)
    2장_ 마을 속으로 (도심리교회)
    3장_ 마을에서 만난 예수 (부천새롬교회)
    4장_ 마을을 치유하는 교회 (태백연동교회)
    5장_ 마을목회와 코이노니아 (성암교회)
    6장_ 국경 없는 마을 (나섬공동체)

4권 ㅣ 세상을 살리는 마을목회   노영상

    1장_ 건강한 생태계를 만드는 마을목회   ㅣ 조은하 19
    2장_ 함께 만들어 가는 희망의 복지공동체   ㅣ 이경재 27
    3장_ 마을목회와 경제공동체   ㅣ 조용훈 47
    4장_ 아름다운 환경공동체 만들기   ㅣ 노영상 57
    5장_ 건강한 마을교육공동체 만들기   ㅣ 강영택 67
    6장_ 마을목회와 문화공동체   ㅣ 성석환 77

마을목회의 핵심 전략

그리스도의 진정한 사랑으로 마을을 품고 세상을 살리는 목회

2017년 대한예수교장로회 102회 총회(통합)는 최기학 총회장을 중심으로 마을목회를 정책과제로 삼고 운동을 시작해왔다. 마을목회는 한국교회 정체기에 있어 각 교회들이 실천한 생존전략들을 이론화한 실천적 목회 전략인 것이다. 마을목회는 제102회 총회의 주제인 '거룩한 교회 세상 속으로'를 구현하기 위한 목회 방안으로 핵심 전략은 다음과 같다.

1. '마을'이란 주로 시골지역에서 여러 집이 모여 사는 곳을 말한다. 그러나 '마을목회'는 농어촌 지역의 목회 전략을 말하는 것이 아니다. 마을이 하나의 **공동체**를 이뤄 그곳의 주민들이 서로 도우며 살 듯, 도시에서도 이런 공동체를 이루며 사는 것이 필요한바, 지역 공동체로서의 **하나님 나라**를 동네 속에 세우기 위한 목회가 마을목회다.

2. 교회에는 여러 사명이 있다. 복음전도, 예배, 교육, 교제, 사회봉사 등이다. 마을목회는 이런 기능들 중 교회의 **사회봉사 영역에 치중한 목회 방안**이다. 그간 한국교회는 복음전도, 제자훈련, 예배 및 교육 등의 일들을 잘 수행해왔다. 그 같은 노력과 함께 마을목회로서의 대사회적인 교회의 기능이 잘 수행된다면, 보다 활력 있는 하

나님의 선교가 가능해질 것이다.

3. 마을목회는 주님의 십자가의 능력과 성령의 감화를 강조하는 목회 방안이다(갈 5:16-26). 주님의 칭의의 능력이 아니고는 아무도 이웃을 진정으로 사랑할 수 없는 것으로, 우리는 항상 주님께 의존하며 기도하면서 마을과 온 세상의 샬롬을 이뤄나가야 할 것이다(막 9:29, 사 11:1-9). 이와 같이 마을목회는 오늘의 시대에 기독교 사랑의 진정성을 보여주려는 목회 방안으로(요일 3:16-18), 우리는 **믿음에 따른 사랑의 실천이** 주님의 복음을 왕성하게 할 수 있음을 믿는다(마 5:16).

4. 마을목회는 이론에 앞서 실천을 중시하는 목회다. 마을목회는 본 교단의 교회들이 전개한 현실 목회에서의 노력들을 살펴 만들어낸 이론으로 **실천성**을 강조하는 운동이다. 그러므로 마을목회는 신학을 위한 신학이 아니라 교회를 위한 신학을 강조한다. 이전 해외에서 한국을 대표하던 신학으로 민중신학이 있었다. 사회현실과는 밀착된 신학이었지만 목회현실과는 거리가 있는 신학이었다. 이에 비해 마을목회는 목회현장에 충실한 사회봉사 신학으로, 사랑의 실천을 구체화하는 목회 방안인 것이다.

5. 마을목회는 **개인적 행복과 함께 공동체적 행복에** 관심을 갖는다. 이런 견지에서 마을목회는 지역사회를 공동체적 가치를 통해 만들어나가는 것을 강조한다(요 17:21-23). 마을목회는 오늘 우리 사회의 위기가 지나친 개인주의적 삶의 방식에 기인한 것으로 분석하여, 경제, 교육, 복지, 환경, 문화 등 사회 각 분야에 기독교가 강조

하는 사랑의 하나 됨과 공동체성을 불어넣을 것을 주창하는 목회 전략인 것이다.

6. 마을목회는 교회 밖의 주민들도 회개하고 믿기만 하면 주님의 자녀가 될 수 있는 **잠재적 교인**으로 생각하며, 그들을 목회의 대상 안에 포함시키는 운동이다(롬 3:29-30). 이런 의미에서 마을목회는 "마을을 교회로, 주민을 교인으로"라는 표어를 주창한다(요 3:16). 주님은 우리 안의 99마리의 양을 두고, 길 잃은 한 마리의 양을 찾아 나서시는 분이시다(마 18:12-14).

7. 마을목회는 **평신도 사역**을 강화하는 목회 전략이다(고전 12:4-31). 평신도의 역량을 강화하여 그들을 주민자치와 교회사역의 전면에 내세우는 목회가 마을목회다. 우리는 마을목회를 통해 대사회적인 봉사의 일은 평신도들이 우선적으로 담당케 하며, 목회자는 기도하고 설교하는 일에 전념하는 분담이 필요하다.

8. 마을목회는 지방자치 분권화를 통해 **마을 만들기 운동**을 전개함으로 우리 사회의 풀뿌리 민주주의를 정착시키려는 노력을 지지한다. 이에 마을목회는 관 주도적인 하향식 운동이 아니며, **주민주도적인 상향식 운동**이다. 이에 마을목회는 복음을 통해 마을 공동체를 행복하게 만드는 일에 교인과 주민이 앞장서는 주체적 시민의식을 강조하며, 마을의 일을 위해 함께 의논하는 민주적 소통을 중시한다.

9. 마을목회가 가능하려면 주민들의 주체적 역량이 전제되어야 한다(벧전 2:9). 마을 만들기를 위해서는 주민들의 자주성과 소통능력, 마을을 개발하는 일을 위한 핵심 역량과 주민의 민주적 시민정신

이 함양되어야 하는 것으로, 이를 위해 지역사회와 교회는 주민들의 **역량을 강화하는 교육**에 관심을 두어야 한다. 이에 제자직을 위한 성경교육과 시민직을 위한 시민교육이 중요할 것이다(마 28:19-20, 딤후 3:16).

10. 마을목회는 **삼위일체 하나님 안에 나타난 생명성**을 온 세상에 퍼뜨리는 운동이다(요 17:21). 삼위일체 하나님께서 세 분이시면서 하나이신 것과 같이, 우리는 개인주의와 집합주의를 넘어서는 기독교 복음의 강조점을 나타내보여야 한다. 이에 마을목회의 사역을 위해서는 상호 간 하나 됨과 네트워크가 중시된다(고전 12:12). 마을 속의 주민들의 연대, 교회들의 연대, 교인과 마을 주민 사이의 네트워킹, 교회와 관청, 마을의 학교와 기업 등과의 폭넓은 사귐과 관계적 통전성이 이런 마을목회를 활력 있게 할 것이다.

11. 교회가 성장하려면 교회 밖의 사람들을 전도하고 선교해야 하는데, 이를 위해서는 그들과의 접촉이 확대되어야 한다. 마을목회는 교회의 문턱을 낮추는 목회 전략으로, 교회의 봉사를 통해 **교회 밖의 사람들과 관계망을 확장**하여 그들이 교회 안으로 들어와 주님의 자녀가 되는 것을 쉽게 하는 목회 전략이다.

12. 마을목회는 전략을 세워 사회봉사의 사역을 추진하는 **과학적 목회 방안**으로 지역사회 개발 이론, 역량강화 이론 및 전략기획 이론 등의 방법론을 사용한다. 마을목회는 실천과 함께 일의 기획 과정과 사후 평가를 중시하는 목회 방식이다(엡 1:11).

〈영문 번역〉

The Core Strategies of Village Ministry

The Ministry to Brood the Village and Save the World, with the True Love of God

1. VM(Village Ministry) is the ministerial strategies of **urban cities** as well as farming and fishing villages.
2. VM is the ministerial device, concentrating **diakonia** of ecclesiastical functions.
3. VM is the movement showing the Christian true love toward the world, in Christ and the Holy Spirit(1Jn 3:16-18). We believe our **demonstrating God's love** will make church's evangelism vigorous(Mat 5:16).
4. VM is a device regarding **practice** as important. We have made this theory of VM, reflecting the practical endeavors of local church for their survival.
5. VM emphasizes both individual happiness and **communal happiness**(Jon 17:21-23).
6. VM regards the people out of church as the pre-Christians(Rom 3:29-30). They can be the Christians only through repentance and believing(Mat 18:12-14). So VM declares as the following motto;

"Whole Village as Extended Church, Whole Residents as Potential Church Members"(Jon 3:16).
7. VM emphasizes the lay-ministry for local service(1Co 12:4-31).
8. VM is connected with the village building movement(community development) of secular society as the down-up movement, leaded by not government officials but residents.
9. VM premises the independent and democratic empowerment of residents. So biblical education and civil education are necessary for VM(Mat 28:19-20, 2Ti 3:16).
10. VM is the movement based on the life characteristics of 'unity in diversity' in the doctrine of trinity(Jon 17:21). Therefore VM looks the network with various organizations as necessary(1Co 12:12). It is the important element to strengthen the solidarity among local churches for VM.
11. The expansion of relationship due to diakonia with the people out of church will strengthen the church's evangelism and foreign mission.
12. VM is the scientific ministerial methodology, adopting the means of the community development theory, the empowerment theory and the strategic planning(Eph 1:11).

총회한국교회연구원 〈2018 마을목회 성경공부 교재〉

마을과 함께 주민과 더불어

세상을 살리는 마을목회

4권

1장_ 건강한 생태계를 만드는 마을목회
2장_ 함께 만들어 가는 희망의 복지공동체
3장_ 마을목회와 경제공동체
4장_ 아름다운 환경공동체 만들기
5장_ 건강한 마을교육공동체 만들기
6장_ 마을목회와 문화공동체

1 장
건강한 생태계를 만드는 마을목회

> **에베소서 4장 16절**
>
> 그에게서 온 몸이 각 마디를 통하여 도움을 받음으로 연결되고 결합되어 각 지체의 분량대로 역사하여 그 몸을 자라게 하며 사랑 안에서 스스로 세우느니라.

1. 세상 바라보기

'장 바니에'는 그의 저서 『인간되기』에서 인간성장의 핵심을 "동행"으로 이야기 합니다. 동행이라는 것은 나와 다른 사람과 함께 가면서 그들을 신뢰하고 어깨에 짓눌렸던 죄책감을 없애주고 그들의 가치를 발견하도록 도와주는 것입니다. 동행한다는 것은 다음과 같은 의미입니다.

첫째, 동행자는 서로를 지지해주고 기운을 북돋아주고 확인시켜 주며 새로운 문들을 열게 해줍니다. 서로 판단하거나 지배하려고 하는 것이 아니라 기쁨을 같이하고 함께 즐거워하며 우는 자와 함께 우는 것입니다. 인간 삶의 고통의 의미를 발견하며 우리 안에 숨겨진 가장 아름답고 가치 있는 것을 밖으로 드러내 주는 것입니다.

둘째, 동행이란 함께 나누고 함께 먹고 서로 양육해주고 함께 걷는 것을 의미합니다. 이것은 일방적인 도움을 주는 것을 의미하지 않고 서로가 성장하고 성숙해지는 것을 의미합니다.

셋째, 모든 폭력의 상황에도 구하고 생명의 새로운 길을 제시하는 것이며 모든 폭력에도 불구하고 사랑과 겸손에 머무는 것을 의미합니다. 그래서 동행한다는 것은 삶의 생태계를 만들어 가는 것이며 그곳에서 서로가 연결되고 지속가능한 삶을 꾸려가는 것을 의미합니다.

오늘 날 우리 사회의 불문제 중 하나는 '외로움'입니다. 카카오톡, 페이스북등 다양한 SNS로 이어져 있지만 실상 관계는 더욱 느슨해가고 있다는 것입니다. 24시간 접속의 시대를 살아가면서 우리는 '혼밥의 시대' '고독사의 시대'를 경험하고 있는 것이지요.

〈질문 1〉 내가 경험한 외로움은 어떠한 것이 있는가? 공동체 안에서 기쁨과 슬픔을 나누는 것이 힘이 되었던 경험들은 어떠한 것이 있는지 이야기를 나누어 보자.

2. 세상에서 성경으로

오늘의 성경말씀도 신앙공동체가 성장하기 위해서는 각 마디가 연합하는 것이 필요하다는 것을 이야기합니다. 온몸은 각 마디를 통하여 도움을 받음으로 연결되고 결합되어 각 지체의 분량대로 역사하여 사랑 안에서 세워져 간다고 합니다. 인간의 몸도 스스로 움직이고 활동하는 것이 아닙니다. 내 손이 움직일 수 있는 것도 뇌의 명령과 몸의 마디의 연결이 온전할 때 가능한 것입니다. 우리 인간의 몸이 작은 공동체이듯 우리의 삶은 공동체를 통하여 이루어지는 것입니다.

심리학자 브론펜브레너(Bronfenbrenner)는 인간의 발달을 생태학적 관점에서 이야기 합니다. 한 사람이 태어나서 어른이 되기까지 생태학적 연결과 그물망 속에서 성장한다는 것입니다. "한 명의 아이를 키우기 위해서 마을 하나가 필요하다"라는 이야기가 바로 이러한 생태학적 발달을 설명하는 것입니다.

〈그림 1〉에서 보는 바와 같이 사람의 성장은 적어도 미시체계, 중간체계, 외체계, 거시체계, 시간체계로 이루어집니다. 미시체계는 사람에게 가장 강력한 영향을 주는 요소로서 가족, 또래, 학교, 이웃 등을 포함하며 최근에는 텔레비전과 인터넷과 같은 매체를 포함합니다. 교회도 미시체계에 포함됩니다. 그렇기 때문에 교회도 교회 독자적으로 존재하는 것이 아니라 미시체계 안에서 가정과 마을과 학교와 함께 존재해야 합니다. 이러한 미시체계들

<그림 1> 브론펜브레너의 인간발달의 생물생태학적 모형

이 서로 영향을 주고받으며 한 사람의 전인적 성장을 돕게 되는 것이기 때문입니다. 교회와 가정, 마을이 함께 힘을 합하여 마을에 사는 사람들이 행복하고도 전인적인 삶을 살 수 있도록 돕는 것이 필요합니다. 그렇기에 목회는 교회 안의 생활이나 사람들만을 대상으로 하는 것이 아니라 바로 마을 전체를 목회의 대상으로 보아야 하는 것입니다.

〈질문 2〉 교회가 마을 안에서 마을 공동체와 함께 살아가기 위해서 해왔던 일들을 나누어 보자. 우리 교회가 마을 안에서 어떠한 존재로 인식되고 있는지 생각해 보자.

3. 성경에서 실천으로

1) 본회퍼의 이야기

본회퍼(Dietrich Bonhoeffer)의 '그리스도인이 된다는 것'에 대한 글을 읽고 우리가 예수그리스도의 제자면서 동시에 한 사람의 마을 구성원으로서 어떻게 살아가야 하는지 생각해 봅니다.

그리스도인이 된다는 것은 특정한 방식의 종교인이 된다든지 어떤 방법론을 기초로 뭔가 업적을 쌓는 것이 아니라 사람으로 살아간다는 것을 의미합니다. 그리스도인으로 살아간다는 것은 저 멀리 인간 세상과는 동떨어진 곳에서가 아니라 가장 인간적인 모습으로 더불어 살아가기를 원하는 것입니다. 그리스도인은 사람이 사람 되어 하나님 앞에서 살 수 있고 또 그렇게 살아가는 삶에 가치를 둡니다. 그리스도인은 이 세상을 무대로 활동합니다. 세상에 적응해 함께 일하고 영향을 끼치며 이곳에서 하나님의 뜻을 행하는 것입니다.

그러므로 그리스도인은 풀이 죽은 비관론자가 아니라 이 세상 가운데서 기쁘고 쾌활하게 살아가는 사람입니다.

〈질문 3〉 이 세상을 무대로 활동하는 그리스도인으로서 우리 마을 속에서 하나님의 뜻을 행하는 것으로 어떠한 일들을 할 수 있을지 생각을 나누어 보자.

2) 실천적 나눔

우리 교회가 건강한 마을 생태계를 만들어 가기 위하여 어떤 역할을 할 수 있을지를 고민하기 위하여 어떠한 먼저 마을 사람들과 만나는 노력이 있어야 하고, 마을의 모습과 필요를 알아야 합니다. 우리는 그것을 얼마만큼 알고 있는지, 또 어떻게 알아가야 하는지 이야기를 나누어 봅니다.

◇ 공동기도문 ◇

우리의 삶 속에서 역사하시는 하나님, 우리는 오늘도 하나님의 보호하심을 구하며 우리의 주변에 있는 사람들을 생각하고 그들과 함께 하나님 나라의 가치를 이루어가길 원합니다. 하나님, 우리는 혼자 있을 때, 외롭고 연약한 존재입니다. 건강한 존재로 살아가기 위해서는 하나님의 말씀과 능력이 필요합니다. 이를 위해서 우리 앞에 놓여 진 삶의 무게를 감당해주시는 예수 그리스도의 크신 헌신에 감사드립니다. 나와 너, 그리고 우리가 모여서 이루는 공동체, 특히 마을과 세상에서 살아가는 믿음의 공동체를 이루는 우리에게 하나님의 능력으로 우리가 건강한 생태계를 이루고 이 속에서 하나님의 뜻을 펼칠 수 있는 사람들도 변화시켜주시옵소서. 우리가 먼저 변화되고 우리가 속한 공동체와 마을, 나라가 변화되어질 때, 하나님 나라의 확장이 이루어 질 것입니다. 하나님을 생각하고 하나님의 인도하심을 구하며 그리스도인의 정체성을 가지고 세상 속에서 살아갈 수 있도록 힘과 능력 더하여 주시옵소서. 예수 그리스도의 이름으로 기도합니다. 아멘.

2장
함께 만들어 가는 희망의 복지공동체

> **마태복음 19장 16-30절**
>
> 16어떤 사람이 주께 와서 이르되 선생님이여 내가 무슨 선한 일을 하여야 영생을 얻으리이까 17예수께서 이르시되 어찌하여 선한 일을 내게 묻느냐 선한 이는 오직 한 분이시니라 네가 생명에 들어가려면 계명들을 지키라 18이르되 어느 계명이오니이까 예수께서 이르시되 살인하지 말라, 간음하지 말라, 도둑질하지 말라, 거짓 증언 하지 말라, 19네 부모를 공경하라, 네 이웃을 네 자신과 같이 사랑하라 하신 것이니라 20그 청년이 이르되 이 모든 것을 내가 지키었사온대 아직도 무엇이 부족하니이까 21예수께서 이르시되 네가 온전하고자 할진대 가서 네 소유를 팔아 가난한 자들에게 주라 그리하면 하늘에서 보화가 네게 있으리라 그리고 와서 나를 따르라 하시니 22그 청년이 재물이 많으므로 이 말씀을 듣고 근심하며 가니라 23예수께서 제자들에게 이르시되 내가 진실로 너희에게 이르노니 부자는 천국에 들어가기가 어려우니라 24다시 너희에게 말

> 하노니 낙타가 바늘귀로 들어가는 것이 부자가 하나님의 나라에 들어가는 것보다 쉬우니라 하시니 25제자들이 듣고 몹시 놀라 이르되 그렇다면 누가 구원을 얻을 수 있으리이까 26예수께서 그들을 보시며 이르시되 사람으로는 할 수 없으나 하나님으로서는 다 하실 수 있느니라 27이에 베드로가 대답하여 이르되 보소서 우리가 모든 것을 버리고 주를 따랐사온대 그런즉 우리가 무엇을 얻으리이까 28예수께서 이르시되 내가 진실로 너희에게 이르노니 세상이 새롭게 되어 인자가 자기 영광의 보좌에 앉을 때에 나를 따르는 너희도 열두 보좌에 앉아 이스라엘 열두 지파를 심판하리라 29또 내 이름을 위하여 집이나 형제나 자매나 부모나 자식이나 전토를 버린 자마다 여러 배를 받고 또 영생을 상속하리라 30그러나 먼저 된 자로서 나중 되고 나중 된 자로서 먼저 될 자가 많으니라

1. 본문을 통해 세상 바라보기

하나의 장면이라고 할 수 있는 본문 전체는 크게 세 대화로 되어 있다. 부자 청년과 예수님의 대화, 제자들과 예수님의 대화, 그리고 베드로의 질문에 대한 예수님의 대답이다. 그런데 이 세 대화 전체를 관통하는 주제는 '영생'이다. '영생', 이 말은 조금 구식처럼 느껴질 수 있지만, 사실 기독교 신앙의 핵심을 차지한다.

복음 중의 복음이라고 하는 요한복음 3장 16절이나 마가복음 25장 46절에서 알 수 있듯이 영생은 하나님께서 당신의 독생자 예수 그리스도를 이 땅에 보내시면서까지 우리 인간들에게 주시기를 원하시는 가장 큰 복이자, 우리 인생들이 나아가야 하는 신앙의 종착점이다. 성경에서 말하는 영생은 단순히 '죽지 않고 영원히 산다'는 의미만이 아니다. 그러한 삶의 '질'까지를 의미한다. 다시 말해 벌을 받거나, 불과 고통에 던져지거나, 수치와 부끄러움을 당하지 않는 등 한 마디로 심판과 사망에 대비되는 참 생명, 기쁘고 복된 삶을 의미한다. 기독교 신앙의 궁극적 목적을 나타내는 구원, 하나님 나라, 천국 등이 모두 영생의 또 다른 표현일 수 있다.

본문은 예수님께 나아 온 부자 청년의 질문을 통해 이 영생을 어떻게 해야 얻을 수 있는지를 가르친다. 본문에서 제시된 방법은 크게 세 가지다. ① 율법을 지키고, ② 자신의 소유를 팔아 가난한 자들에게 나눠주고, ③ 예수 그리스도를 따르는 것이다.

그런데 곰곰이 생각해 보면 ②의 경우는 살짝 의외라는 생각이 든다. 율법을 지키고 예수님을 따르는 것에 비해 조금은 사소해 보일 수 있기 때문이다. ①과 ③은 그 함의의 폭이 매우 넓은 일반적 명령으로서 누구에게나 해당하는데 반해 ②는 구체적이고 1회적인 명령일 뿐 아니라 소위 '있는 자'들에게나 해당하기 때문에 누구나에게 해당하는 영생의 일반적 조건이라고 하기에는 다소 무리가 있어 보인다. 게다가 소유와 재산을 가난한 자들에게 나누어주는 것 자체가 구원이나 영생의 조건이라고 생각하기엔

'오직 믿음'을 정점으로 하는 우리 일상의 신앙관에 비추어 볼 때 조금은 낯선 생각이기 쉽다.

그래서인지 이 두 번째 조건을 다른 식으로 해석해 보려는 시도를 할 수 있다. 첫째는 이것을 '순종'의 시험대로 생각하는 것이다. 다시 말해 청년이 '순종'을 하는지 여부를 보시려고 그의 아킬레스건에 해당하는 명령을 하셨다는 식으로도 생각하는 것이다. 그런데 그럴 경우 예수님이 다른 내용의 명령을 하셨어도 무방하다는 의미가 된다. 예를 들어, "저 사람을 때려주라"처럼 수긍하기 어려운 명령일 수도 있다. 그저 '순종'을 시험하기 위한 것이라면 어느 것이든 무방할 뿐 아니라, 어느 면에서는 수긍하기 어려운 명령이 더 효과적일 수도 있다. 그렇기 때문에 '순종'은 ③번 즉 예수님을 따르는 것에 포함된다고 보는 것이 더 그럼직하다. 순종하지 않으면서 그분을 따를 수는 없기 때문이다.

둘째는 '많은 소유'가 영생에 걸림돌이 된다고 보는 것, 다시 말해 '무소유'가 영생의 조건이라고 보는 것이다. 이는 저 유명한 '낙타-바늘 귀' 대화를 통해 지지되는 듯 보인다. 하지만 만약 그렇다면 흔히 신명기 축복이라고 일컬어지는 구약의 물질 축복에 대한 하나님의 약속은 더 이상 유효하지 않게 된다. 하지만 하나님은 당신의 백성이 천국 소망을 가진 채 가난하고 쪼들리게 사는 것—간혹 그런 삶을 '불사할 수'는 있어야 하겠으나—을 원하시는 분이 아니다. 가난에 처하기를 두려워해서는 안 되지만, 가난에 처하지 않으면 안 되는 것도, 부유함을 부끄러워하거나 죄악시해야 하는 것도 아니다. 재물에 대한 욕심이 일만 악의 뿌리인 것은 분명하지만(딤전 6:10), 그렇다고 해서 소유 자체가 악은 아니다.

그러므로 그냥 자신의 소유를 팔아 가난한 자에게 나눠주라는 ② 역시 영생을 얻기 위한 주요 요건으로 인정하고 그 의미를 더 새기려 하는 것이 바람직해 보인다. 분명한 것은, 성경의 모든 명령들과 마찬가지로 오늘 예수님이 우리에게도 동일한 명령을 하실 수 있다는 것이다. 그럴 경우, 우리는 근심하며 돌아설 것인가 아니면 기꺼이 순종할 것인가.

〈질문 1〉 본문에서 찾아볼 수 있는 영생의 세 가지 조건에 대해 말해보고, 그 가운데 자신의 소유를 팔아 가난한 자에게 주는 것이 반드시 포함될 필요가 있을까에 대해 생각해 보자.

2. 세상에서 성경으로

그런데 왜 예수님은 영생의 길로 이 조건을 말씀하신 것일까? 우리가 잘 아는 것처럼 구원은 '오직 믿음'에 의한 것이며, '자기를 부인하고 자기 십자가를 지고 예수님을 따르는' 제자도의 길 끝에서 주어지는 것 아닌가? 물론 레위기에서 명령하는 것처럼 고아와 과부와 이방인으로 대변되는 가난하고 어려운 자들을 위해 그들의 먹을 것을 마련해 주는 것 역시 우리가 해야 할 일이기는 하다. 그렇다면 ②는 레위기 19장 9-10절이나 신명기 24장 19절 등에서 말하는 것처럼 가난한 자들을 위해 '다 거두지 말고 떨어진 이삭을 줍지 말'아야 한다는 율법의 준수에 포함되는 것 아닌가? 굳이 그것을 율법의 준수와 구별되는 별개의 조건처럼 말할 필요가 있을까?

1) 이웃 사랑은 율법의 완성

이에 대한 생각을 정리하기 위해서는 반드시 본문에서 언급된 율법의 후반부가 '이웃 사랑'을 목적으로 하는 계명들이라는 점을 염두에 두어야 한다. 잘 알려진 것처럼 마태복음 22장 34-40절에서 예수님은 모든 율법이 하나님 사랑과 이웃 사랑으로 요약된다고 가르치신다. 십계명도 이에 포함된다. 1계명부터 4계명까지는 하나님 사랑의 실천을 위한 것이고, 인간들 사이의 관계를 규정하는 5계명부터 10계명까지는 이웃 사랑의 실천을 위한 것이다.

여기서 두 가지를 말할 수 있다. 하나는, 이웃 사랑이 전제되지 않은 율법 준수는 사실상 율법의 준수가 아니라는 점이다. 이웃을 위한 사랑이 밑바탕에 깔려 있지 않은 계명의 준수는 사실상 계명의 본래 취지를 망각한 것이 된다. 그러므로 살인하지 않거나 도둑질하지 않는 것 자체도 중요하지만, 그러한 준법이 어떤 식으로든 이웃을 사랑하기 위한 의도를 포함하지 않는다면, 그것은 세상에서 볼 때 착한 것일 수는 있어도 하나님 앞에서의 선한 것이기에는 2% 부족하고, 그래서 결국은 자기 의를 드러내는 것으로 귀결되기 쉽다. 성경에 나오는 바리새인들은 바로 이런 이유로 예수님께 '회칠한 무덤'같다고 비판을 받았다. 겉으로 드러나는 행위는 그럴 듯하지만, 그 이면에 마땅히 자리해야 할 마음 즉 이웃 사랑의 의도가 없다는 것이다. 이 점을 갈라디아서 5장 14절은 "온 율법은 네 이웃 사랑하기를 네 자신 같이 하라 하신 한 말씀에서 이루어졌나니"라고 정리해주고 있다. 그러므로 이웃에 대한 사랑에서 우러나지 않는 율법 준수는 율법 준수라기보다 율법에 매이는 것, 혹은 율법을 절대화하는 것이라고 하는 것이 더 적절하다. 예를 들어, 빨간불에 멈춰야 하는 이유는 사고를 방지하기 위한 것이다. 물론 오가는 차가 없을 때도 빨간불이라고 해서 멈춰서 있을 수는 있다. 그러나 파란불이라고 해서 차가 오는데도 떳떳하게 횡단보도를 건너는 것은 신호등의 본래 취지를 망각한 채, 규정에 매이는 것이라고 밖에는 할 수 없다.

다른 하나는, 적어도 십계명의 조항은 소극적인 조항이기 때문에 그 자체의 준수만으로는 이웃 사랑의 충분한 실현이라고 할 수 없다는 점이다. 살인이나 도둑질을 하지 않았다는 것만으로는 누군가에게 해를 가하지 않았다는 것일 뿐, 그를 내 몸과 같이 사랑한 것이라고는 할 수 없다. 이웃 사랑의 실천을 위해서는 해를 가하지 않는 소극적 태도만이 아니라 유익을 주고 도움을 베푸는 등 적극적으로 선을 행하는 자세가 필요하다. 간혹 우리는 누군가를 향한 마음을 몰라주는 상대를 야속해 하곤 한다. 하지만 줄 수 있는 것이 마음뿐인 상황이라면 모를까, 다른 무엇인가를 줄 수 있는데도 주지 않고 마음과 말을 이야기 하는 것은 가짜이기 쉽다. 사실 우리가 줄 수 있는 것들 중에서 가장 주기 어려운 것은 우리 자신의 마음이다. 물질을 주지 않는 것도 대체로 마음이 없어서이다. 성경도 "재물이 있는 곳에 마음도 있다"고 가르친다. 마음은 주지 않고 물질만 줄 수는 있지만, 마음만 주고 물질을 주지 않을 수는 ―물질을 주지 않는 것이 상대를 위한 것이라고 판단되어 눈물을 머금고 삼가는 경우가 아니라면― 없다.

　이렇게 보면, 본문의 부자 청년은 자기도 모르게 자기 모순적 상황에 처해 있는 셈이 된다. '이웃 사랑'을 목적으로 하는 소극적 계명들을 어려서부터 다 지켰다고 하면서도, 막상 이웃 사랑의 적극적 실천을 지시하는 예수님의 명령에는 주저하기 때문이다. 사실 본문에서 드러났지만, 그 부자 청년이 이웃 사랑의 실천을 위해 가진 자원은 자신의 재물 밖에 없다. 그가 어려서부터 율법을 잘 지킨 것은 그 자신에게는 유익한 일일지 몰라도, 남들에게는 아무런 유익을 주지 못한다. 그건 우리도 마찬가지다. 누군가가 '착한 사람이라는 사실 자체' 혹은 '신앙이 좋은 사람이라는 사실 자체'는 남들에게 아무런 도움이 되지 않는다. 남에게 실질적 도움을 주기 위해서는 그에게 절실하게 필요한 것, 그것이 없어서 그가 심한 곤란을 겪고 있는 그런 것을 줄 수 있어야 한다. 예수님이 우리를 구원하시는 이유 역시 우리에게 실존적으로 가장 절실하게 필요한 것—우리가 알든 모르든—이 바로 구원이기 때문이다. '없어도 그만인 것' 혹은 '있으면 좋은 것'을 주시려는 것이 아니라 '없으면 안 되는 것'을 주시려는 것이다.

무엇인가를 줄 수 있음에도 불구하고 주지 않는다면, 그 겉모양은 어떨지 몰라도 그 중심에 사랑이 있다고 할 수 없다. 성경에서 말하는 사랑은 단순히 마음을 주고받는 것이 아니라 실질적인 유익을 전해주는 것이다. 말로만하는 도움은 고맙기는 해도 현실적으로는 아무 도움이 안 되듯이, 실질적인 유익이 없는 사랑 역시 공허하다. 사랑은 관념적이거나 말잔치에 불과한 것이 아니라, 실질적인 유익이 사랑을 베푸는 자로부터 사랑받는 자에게 전해지는 것이다.

2) 이웃 사랑은 제자도의 핵심

나아가 이웃에게 실질적인 유익을 베푸는 것은 단순히 누군가에게 도움을 베푸는 것을 넘어서서 예수님을 따르는 제자도의 핵심이라고 볼 수 있다. 예수님이 부자 청년에게 명하시는 것은 두 가지, 즉 소유를 팔아서 가난한 자들에게 주라는 것과 그리고 나서 예수님을 따르라는 것이다. 표면상 소유의 처분이 예수님을 따르는 조건처럼 되어 있다. 그런데 가만히 생각해 보자. 예수님을 따른다는 것은 무엇을 하게 된다는 말일까?

장인이나 성악가, 심지어 정치가 등 누군가를 단순히 좋아하고 응원하는 차원을 넘어 '따른다', 즉 제자가 된다는 것은 일반적으로 그가 따르는 사람을 본받아 배우고 익혀서 결국 그 스승처럼 되어 그가 하던 일들을 하게 된다는 의미다. 예수님을 따른다는 것 역시 단순히 졸졸 쫓아다니는 것만을 의미하는 것이 아니라면, 그가 하시던 일을 하게 된다는 것을 반드시 포함해야 한다. 그런데 그가 하시던 일이 과연 무엇인가? 종국에는 '십자가 구원'으로 귀결되는 예수님의 사역은 한 마디로 '하나님 사랑 이웃 사랑'의 완전한 실천이다. 하나님 사랑은 하나님의 뜻을 구하고 그에 철저하게 순종하며 자신에게 주어진 영혼들을 하나도 잃지 않는 것으로, 이웃 사랑은 온 지역을 두루 다니시며 치유하시고 하나님 나라를 전하시고 그에 합당한 삶과 길을 가르치시는 것으로 요약된다. 예수님의 십자가는 이 둘이 수렴되는 정점의 사건으로, 예수님의 부활은 그러한 순종의 예수님께서 베푸는 하나님의 은혜의 정점으로 이해될 수 있다. 그러므로 아픈 자들을 싸매시고, 눈먼 자들을 보게 하시며, 가난한 자들과 더불어 먹고 마시는 예수님의 일상적 사역들은 십자가의 때를 기다리시는 동안 수행하던 부수적인 사건이 아니다. 사람들에게 반드시 필요는 하되 현재로서는 결핍되어 있는 것들을 채워주시기 위해 자신의 생명을 내어주시기까지에 이르는 예수님의 사랑의 풍성하고도 충만한 실천의 구체적인 내용들이다.

　　이처럼 예수님은 하나님 사랑과 이웃 사랑을 실천하기 위해 순종하는 마음으로 자신의 생명마저 그것을 필요로 하는 자들에게 내어주셨다. 그렇기 때문에 자신의 것을 남을 위해 내어놓기를 아까워하는 만큼은 예수님을 따르는 길에서는 멀다고 할 수 있다. 재산을 귀히 여기는 사람도 자신의 생명을 위해서라면 모든 것을 내놓는 것이 일반적인 경우이고 보면, 소유를 나눠주기를 주저하면서 생명을 내어주시는 그분을 따른다는 것은 언감생심이라고 하지 않을 수 없다. 이런 의미에서 볼 때 율법을 지키고 소유를 팔아 가난한 자들에게 나누어 주라는 것은 예수님을 따르기 위한 선행조건이 아니라 그 자체가 이미 예수님을 따르는 것이며, 그렇기에 그것을 피하거나 외면하면서 예수님을 따를 수는 없다. 결국 자기 소유를 팔아 가난한 사람들에게 나누어주는 것은 자기에게 있는 모든 것을 다해 이웃의 필요를 채워주시는 예수님의 사역에 동참할 것을 권유하는 것이자, 이웃 사랑의 가장 기초적인 현실적 실천을 권고하는 것이다. 배고픈 자에게 내가 가진 먹을 것은 나누어주지 않은 채 말로만 기도를 해주는 것은 죽은 믿음이자 가짜 믿음이라는 야고보서 2장 말씀의 복음서 버전인 셈이다.

3) 오해의 제거

이웃 사랑 실천의 근본적 중요성은 본문의 다른 두 대화들에서도 확인할 수 있다. 먼저 제자들과의 대화는 믿는 자들 사이에 횡행하던 잘못된 통념을 지적한다. 예수님이 저 유명한 낙타-바늘귀 비유를 말씀하신 이후 제자들의 반응이 흥미롭다. "그렇다면 누가 구원을 얻을 수 있으리이까"라는 제자들의 반응은 '아 그러면 부자가 아니라 가난한 자가 더 하나님 나라에 들어가기 쉬운 거군요?'식의 반응이 아니다. 그들은 '부자마저도 들어가기 어렵다면, 도대체 누가 들어갈 수 있겠습니까?'라고 반문하는 것이다. 다시 말해 그들은 '부자'라는 말에 의해 '가장 하나님 나라에 들어갈 수 있을 법한 사람'을 의미하고 있다. 제자들의 반문은 결국 '가장 경건하고 구원받았다고 생각되는 그런 사람마저도 하나님 나라에 들어가기가 그렇게 어렵다면, 도대체 누가 갈 수 있겠습니까?'라는 것, 다시 말해 '저런 사람이 천국에 가지 못한다면, 누가 갈 수 있겠습니까?'라는 것이다.

당시 사람들의 일반적 통념을 반영하고 있을 제자들의 사고방식은 여전히 하나님 나라와 영생에 대한 오해를 드러낸다. 그들은 신앙생활과 관련된 규칙들을 잘 지키고, 하나님의 축복의 표지처럼 부유함을 누리며 간간이 자선을 베푸는 등, 그야말로 사람들이 보기에 하나님 나라 백성에 합당한 모습으로 사는 삶의 모양새를 외형적으로 판단하고 있는 것이다. 예수님께서는 그 누구도 경건의 모양을 드러내는 자신들의 선함이나 선행, 그리고 열심만으로는 결코 구원에 이르지 못한다는 것을 지적하신다. 그러면서 동시에 영생의 길을, 다시 말해 하나님이 누구에게 영생의 은혜를 일방적으로 베푸시려 하실 지에 대해 내비치신다. 자신을 내어주기까지 이웃 사랑을 실천하신 예수님을 따라 자신의 모든 것을 내어주기까지 이웃을 사랑하라는 말씀에 순종하는 것이 바로 그 길이라고 가르치시는 것이다.

셋째 대화인 베드로의 질문 역시 본질을 꿰뚫지 못하고 겉도는 질문이다. 베드로는 부자 청년이 자신의 소유물을 내던지지 못하는 모습을 보며 '자신은 모든 것을 버리고 따랐다'고 환기시킨다. 자신에게는 자격이 있음을 확인하려는 의도가 엿보인다. 이에 대해 예수님은 그것을 부인하지는 않으시지만, 두 가지 조건을 제시하신다. '버림'이 예수님을 위한 것이었는지가 하나이다. 예수님의 이름을 위한 것이 아니었다면 절대 버리지 않았을 것, 오히려 목숨 걸고 지켰을 그것을 오직 예수님의 이름을 위해 버린 것인지, 아니면 그 버림에 다른 의도와 계산과 욕구가 개입되어 있던 것은 아닌지를 물으시는 것이다. 다른 하나는 '버림' 자체가 상급과 영생의 조건이 아니라 버림을 불사하기까지 하는 이웃 사랑의 실천을 통해 예수님을 따르는 모습이 지속되어야 한다는 점을 은연중에 지적한다. 한 번의 순종이 아니라, 항상 순종하는 성품으로 변화되어야 한다는 것이다.

〈질문 2〉 어려운 이웃들을 향한 우리의 구제활동들이 과연 하나님에 대한 사랑과 순종, 그리고 사람들에게 대한 사랑에서 비롯되어 왔다고 할 수 있는지, 혹시 의무나 자기만족 혹은 마음의 불편함을 덜기 위해서 해 온 것은 아닌지 생각해 보자.

〈질문 3〉 '사랑은 율법의 완성'이라는 성경 말씀의 실천적 의미에 대해, 즉 그 말씀이 우리 일상의 삶에서 어떤 행위들을 요청하는 것인지에 대해 논의해 보자.

3. 성경에서 실천으로

1) 영생과 이웃 사랑 공동체

예수님은 자기가 가진 모든 것을 버려두고 당신을 좇으라고 하신 것이 아니라, 자신의 소유를 팔아 가난한 사람들에게 나눠주라고 하셨다. 다시 말해 예수님을 따르는데 소유물이 방해가 된다는 말씀을 하시는 것이 아니라, 그것을 예수님이 원하는 방식대로 사용하기를 원하신다. 바로 가난한 사람들에게 나누어주는 것이다.

그런데, 이를 위해서는 다음 두 가지를 해야 한다. 첫째, 누가 그것을 필요로 하는지를 알아야 한다. 내 소유를 팔아 남을 준다고 해서 모든 경우가 적절한 것은 아닐 수도 있다는 말이다. 소유의 처분이 주된 목적이라면 아무에게나 주어버려도 되고 그냥 방치해도 상관없을 수 있지만, 그것을 필요로 하는 가난한 사람들에게 주어야 한다면 누가 그것을 필요로 하는지 알아야만 한다. 그리고 그렇게 하기 위해서는 내가 관찰할 수 있는 사람들에게, 그 사람들의 삶에, 그들 삶의 필요에 관심을 가져야만 한다.

둘째, 그들에게 필요한 것을 채워주기 위해 내 소유를 팔아야 한다. 나의 소유물 중에는 경제적 가치가 있을지언정 그 자체만으로는 남들에게 아무 유익이 되지 않는 것도 있을 수 있다. 그것을 그들에게 필요한 것으로 바꾸어야 한다. 만약 바꿀 수가 없다면 그것을 얻어서 "구제할 수 있도록 자기 손으로 수고"(엡

4:28)해야 한다. 자신의 노동력을 남들의 필요를 채워줄 수 있는 것으로 바꾸는 것이다. 그런 식으로 그냥 자기가 가진 것을 주는 것이 아니라, 그들에게 필요한 것을 주기 위해 최선을 다해 노력해야 한다.

 이것이 본문을 통해 예수님이 가르치시는 영생의 길이자 예수님을 따르는 길이다. 예수님을 따르려는 모든 사람들이 반드시 가야할 길이다. 예수님이 그저 우리에게만 가리키시는 길이라면 다른 길을 달라고 구해 볼 수도 있겠지만, 그분이 앞서 가시면서 우리에게 따라 오라고 하시는 길이기에 결코 피할 수 없는 길이다. 게다가, 앞서 언급한 것처럼, 남의 필요를 채워주는 행위는 예수님을 따르기 위한 선행조건이 아니라 그 자체가 예수님을 따르는 것이기에, 일회적인 것이 아니라 지속되고 확대되어야 하며, 갈수록 제자로서의 삶의 중심에 자리해야 할 활동이다.

 이 가르침을 실천하는 사람은 어떤 삶을 살게 될까? 적어도 끊임없이 주위 사람들의 사정을 살피고 돌보고 필요를 채워주려 할 것이다. 설령 그런 살핌과 돌봄을 서로 주고받을 사람이 없을지라도, 그래서 주위 사람들에게는 그가 그저 옆집 사는 사람에 불과할지라도, 그는 자신의 주변을 자신이 살피고 돌보아야 할 자신의 이웃으로 여기며 살게 될 것이다. 그리스도인의 삶은 이런 것이어야 한다. 그리스도인은 세상을 등진 채 홀로 하나님 앞에서의 경건한 삶을 추구하는 자가 아니라, 그리스도께서 그러셨던 것처럼 알게 모르게 어려움에 처한 이웃들의 실질적인 필요를 돌보고 채워주는 삶을 살아야 한다. 대가를 바라지 않을 뿐 아니라, 서로 주고받을 것마저도 전제하지 않은 채, 그저 예수님을 본받아 그렇게 할 뿐이고, 예수님을 의지하여 그렇게 하는 것이다. 그런 예수님을 하나님이 돌보셨던 것처럼, 예수님을 본받으려는 나 또한 하나님께서 돌봐주실 줄 믿고 그렇게 하는 것이다. 누군가가 볼 때는 뭘 믿고 저럴까 싶을 만큼 다 내어주는 모습일지 몰라도, 알고 보면 정말 확실하게 믿을 구석이 있기 때문에 가능한 그런 모습으로 남을 섬기고 돌보고 나누는 사람, 그가 바로 그리스도인이다. 그리고 그의 주위에는 그가 살피고 돌보며 섬기는 사람들 즉 그를 중심으로 하는 공동체가 있을 수밖에 없다.

신앙공동체, 그것은 함께 기도하고 예배드리는데서 성립하는 것을 넘어서서 사람들의 일과 삶의 모양새를 살피고, 서로를 돌보고 필요를 채워주는 섬김과 나눔과 봉사의 공동체이어야 한다. 누군가에게 필요한 무엇인가가 있다면, 어떤 식으로든 그것이 채워질 수 있도록 하기 위해 최선의 관심과 노력을 기울일 수 있어야 한다. 한 마디로, 복지공동체가 아닌 공동체는 결코 그리스도인의 공동체라고 할 수 없다. 섬김과 나눔과 봉사를 의미하는 '디아코니아'는 그리스도인들에게 선택이 아닌 필수다. 예수님 스스로가 섬기는 종으로서의 본을 보여주셨기 때문이다.

〈질문 4〉 신앙을 갖는다는 것과 사람들을 섬기고 돌보는 것의 연관성에 대해 논의해 보자.

〈질문 5〉 주위 사람들의 사정과 형편, 그들의 삶에 대해 관심을 가지고 살피고 돌보는 것이 얼마나 중요한지에 대해 이야기를 나누고, 그것이 어려운 이유에 대해 생각해 보자.

〈질문 6〉 각자가 가진 것 중에 사람들의 필요를 실질적으로 채워줄 수 있는 것이 어떤 것이 있는지 생각해 보자(물질이든 재능이든…).

〈질문 7〉 누군가의 필요를 채워주기 위해 노력하고, 그로 인해 초래되는 손해나 불편을 기꺼이 감당하고 있거나, 그럴 준비가 되어 있는가?

〈질문 8〉 나에게 있는 것 혹은 남는 것을 내어놓는 것만으로 이웃 사랑을 실천했다고 할 수 있을까?

2) 적용의 시작

그리스도인의 공동체는 서로를 돌보아야 한다는 상호부조의 당위 위에 성립하지 않는다. 아무도 나를 돌봐주지 않더라도 나는 그들을 돌봐주려는 조건 없는 이웃 사랑의 실천이 참된 그리스도인의 공동체를 성립시킨다. 주고받으려는 것이 아니라 그저 주려는 사람, 그런 사람들이 모였기 때문에 서로의 필요를 돌보며 더불어 사는 공동체, 아무도 갚으라 하지 않기 때문에 갚아야 할 것은 아무 것도 없지만, 그렇기 때문에라도 나에게 전해오는 도움의 손길을 되갚아야 할 빚으로가 아니라 베풀어야 할 사랑의 빚으로 감사하게 받을 줄도 아는 그런 삶, 이것이 바로 그리스도를 따르려는 사람들의 삶의 모양새다. 내 것을 챙기느라 경쟁하는 것이 아니라, 내 것을 챙겨줄 분이 있기에 남의 것 챙기기에만 마음을 써도 되는, 아니 그래야만 하는 그런 공동체가 되는 것이다. 신앙공동체는 이처럼 그리스도에 대한 믿음과 그리스도의 사랑에 근거한 복지공동체이어야만 하는 것이다.

그런 사람들이 모여 시작할 수 있으면 더욱 좋겠지만, 그렇지 못하더라도 혼자서만이라도 이 공동체를 시작해야 한다. 혼자서 일방적으로라도 그리스도인은 주위의 다른 사람들을 돕고 돌보는 공동체의 삶을 살아가야 한다. 그리스도인들의 신앙 공동체는 함께 모여 시작하고 상호적인 삶을 영위하는 공동체라기보다는 일방적으로 내가 남들을 섬김으로써 성립하는 그런 공동체다. 남들이 나를 도와주지 않으면 깨져버리는 공동체가 아니라, 모두가 나를 외면해도 여전히 헌신적으로 섬겨야 하는 그런 공동체다.

그렇다고 해서 혼자서만 남들을 섬기는 상태에 머무르는 것은 바람직하지 않다. 남들도 나처럼 그리스도를 본받아 남들을 섬기는 자가 되도록 이끌어야 한다. 그래야 나에게 좋기 때문만은 아니다. 그래야 그들도 그리스도인의 삶에 적합한 모습으로 변화되는 것이기 때문, 즉 영생의 길에 다가서는 것이기 때문이다. 다시 말해 누군가가 그리스도의 사랑으로 나를 돌보고 섬긴다면, 그것은 나에게 좋은 것이기 이전에 그 사람에게 좋은 것이다. 이처럼 나를 돌보고 섬기려 하는 사람들이 나를 둘러싸고 있는 삶, 그들의 필요를 위해 나의 모든 것을 내 놓고 섬기는 사람들과 더불어 사는 삶, 그것이 바로 그리스도인의 신앙공동체요 참된 의미에서의 복지공동체이자, 이 땅에서 누릴 수 있는 하나님 나라의 삶이라고 할 수 있다.

〈질문 9〉 신앙공동체의 공동체성이 깨지고 분열되는 이유에 대해 생각해 보자.

◇ **공동기도문** ◇

사랑과 은혜가 풍성하신 하나님, 우리가 그리스도인이라고 하면서도 이웃을 사랑하지 못했고, 작은 자들을 돌보지 못했습니다. 아파하고 힘들어 하는 이웃을 위해서 우리의 마음을 열고 그들을 품을 수 있도록 하시옵소서. 사랑과 헌신을 말하면서도 우리의 이기심을 내세우지는 않았는지, 우리의 잘못된 방식으로 인해서 상처받은 이웃은 없는지 살피게 하시고, 더욱 단단한 믿음의 사람으로, 하나님의 신앙공동체로 우리를 변화시켜 주시옵소서. 십자가 지신 예수 그리스도의 사랑을 생각하며 하나님 나라의 삶을 소망하며 마을을 통해, 공동체를 통해 회복하고 일어나는 참된 그리스도인으로 거듭나게 도와주시옵소서. 모든 고난과 부침 가운데서도 깨어지지 않는 공동체로 굳건히 설 수 있도록 하시옵소서. 예수님의 이름으로 기도합니다. 아멘.

3 장
마을목회와 경제공동체

이사야 65장 17-25절

17보라 내가 새 하늘과 새 땅을 창조하나니 이전 것은 기억되거나 마음에 생각나지 아니할 것이라 18너희는 내가 창조하는 것으로 말미암아 영원히 기뻐하며 즐거워할지니라 보라 내가 예루살렘을 즐거운 성으로 창조하며 그 백성을 기쁨으로 삼고 19내가 예루살렘을 즐거워하며 나의 백성을 기뻐하리니 우는 소리와 부르짖는 소리가 그 가운데에서 다시는 들리지 아니할 것이며 20거기는 날 수가 많지 못하여 죽는 어린이와 수한이 차지 못한 노인이 다시는 없을 것이라 곧 백세에 죽는 자를 젊은이라 하겠고 백세가 못되어 죽는 자는 저주 받은 자이리라 21그들이 가옥을 건축하고 그 안에 살겠고 포도나무를 심고 열매를 먹을 것이며 22그들이 건축한 데에 타인이 살지 아니할 것이며 그들이 심은 것을 타인이 먹지 아니하리니 이는 내 백성의 수한이 나무의 수한과 같겠고 내가 택한 자가 그 손으로 일한 것을 길이 누릴 것이며 23그들의 수고가 헛되지 않겠고 그들이 생산한 것이 재난을 당하지 아니하리니 그들은 여

> 호와의 복된 자의 자손이요 그들의 후손도 그들과 같을 것임이라 24그들이 부르기 전에 내가 응답하겠고 그들이 말을 마치기 전에 내가 들을 것이며 25이리와 어린 양이 함께 먹을 것이며 사자가 소처럼 짚을 먹을 것이며 뱀은 흙을 양식으로 삼을 것이니 나의 성산에서는 해함도 없겠고 상함도 없으리라 여호와께서 말씀하시니라
>
> **사도행전 4장 32-35절**
>
> 32믿는 무리가 한마음과 한 뜻이 되어 모든 물건을 서로 통용하고 자기 재물을 조금이라도 자기 것이라 하는 이가 하나도 없더라 33사도들이 큰 권능으로 주 예수의 부활을 증언하니 무리가 큰 은혜를 받아 34그 중에 가난한 사람이 없으니 이는 밭과 집 있는 자는 팔아 그 판 것의 값을 가져다가 35사도들의 발 앞에 두매 그들이 각 사람의 필요를 따라 나누어 줌이라

1. 세상 바라보기

한 사회에서 공동체의 해체는 개인과 사회를 불행하게 만드는 원인이다. 우리 사회의 높은 자살률이나 무연고사(고독사) 숫자의 증가, 안전사고, 교육 등 대부분의 문제는 건강한 공동체의 존재 여부와 밀접히 관련되어 있다. 오늘날 공동체를 위협하는 원

인은 여러 가지가 있지만 그중에서도 경제적 원인을 빼놓을 수 없다. 1960년대 근대화와 1970년대 산업화가 진행되면서 농촌경제가 어려워지고 일자리를 찾아 떠나는 사람들이 많아지면서 농촌공동체가 해체되기 시작했다. 도시는 도시대로 갑작스럽게 늘어난 이주자들로 말미암아서 주택, 교통, 환경 등 각종 사회문제로 고통을 당했다.

인간에게 경제활동은 필수적이다. 예나 지금이나 돈은 힘을 지닌 맘몬이며, 예수님께서는 주기도문에서 제자들에게 '일용할 양식'을 구하라고 하셨다. 경제생활의 중요성에도 불구하고 한국교회는 겉으로는 맘모니즘을 비난하면서도 속으로는 부와 성공을 추구하고 욕망했다. 돈을 부정하게 보고, 신앙과 경제가 아무 상관이 없는 것처럼 생각했다. 그 결과 경제활동은 탐욕이 지배하는 세속사회의 영역이 되고 말았다. 하지만 하나님의 뜻은 경제생활에도 구현되어야 하고, 하나님의 통치는 경제영역에도 이루어져야 한다. 하나님의 세계 경영(oikos)은 경제활동(economy)과 밀접히 관련되어 있다. 세계화(지구화) 경제에 맞선 지역경제의 활성화야말로 마을공동체가 사는 길이고 거기에 터하고 있는 지역교회가 생존할 수 있는 길이다.

〈질문 1〉 오늘날 우리 사회에서 마을공동체가 위태로워지는 원인들에는 어떤 것들이 있는가? 경제적인 요소는 얼마나 작용하는가?

2. 세상에서 성경으로

본문 이사야서 65장은 예언자를 통해 보여 준 '새 하늘과 새 땅'에 대한 비전이다. 하나님께서 보여주시고 우리가 힘써야 할 새 하늘과 새 땅에서는 힘없고 가난한 사람의 피눈물이 없으며, 영양이 부족해서 유아나 어린아이가 사망하는 일이 없고, 사회안전망이 마련되지 않아서 수를 다하지 못하고 죽는 노인도 없다. 무엇보다 경제정의가 실현되어 노동자는 자신의 노동의 대가를 충분히 향유하며, 생태학적으로는 건강하고 평화로운 삶이 보장된다. 이러한 공동체의 모습은 역사 속에 존재했던 모든 정치인과 기업인과 사회운동가들이 꿈꾸었던 모습이다. 하지만 현실은 늘 그 반대로 불의와 폭력으로 얼룩졌다.

예언자 이사야가 꿈꾸었던 새 하늘과 새 땅에 대한 오래된 꿈은 마침내 예수님의 승천 후 예루살렘의 제자공동체에서 실현되었다. 사도행전은 예루살렘 공동체에는 '가난한 사람'이 없었다고 기록하고 있다. 초기 예루살렘 공동체는 함께 모여 지내면서 모든 것을 공동체로 소유하고 가진 사람은 재산과 소유물을 팔아서 사람들에게 필요한 대로 나누어 주었다(행 2:44-45).

이러한 모습을 본 주변 사람은 예루살렘 공동체에 호감을 지녔고, 그 덕에 공동체는 날로 성장할 수 있었다. 물론 예루살렘 공동체의 이런 모습이 얼마나 지속되었는지 알 수 없으나 이 모습은 이후 모든 신앙공동체가 지속적으로 추구하는 원형 혹은 모델이 되었다.

경제학적인 면에서 볼 때 예루살렘 공동체에는 경제활동의 요소인 생산이나 유통에 대한 정보는 나타나 있지 않다. 다만 경제활동의 요소 가운데 하나인 나눔과 분배에 대한 정보는 읽을 수 있다. 소유에 대한 공동체적 관심이 높았고, 자발적인 나눔을 실천했다. 그 결과 가난의 문제가 적어도 공동체 안에서는 많이 해결되었다.

〈질문 2〉 가난의 문제는 인류의 영원한 숙제다. 어느 시대, 어느 사회에서도 가난의 문제가 해결되지 않는 이유는 무엇일까?

3. 성경에서 실천으로

1) 사례

돈이나 경제활동에 대해 이중적인 태도를 지닌 한국교회의 현실에서 교회가 중심이 되어 경제활동이 대단히 어렵다. 경제적 자립이 불가능해서 목회자가 어쩔 수 없이 마을기업이나 사회적 경제활동을 하는 경우조차 교인들은 '목사님이 왜 목회는 안하고 돈벌이를 하느냐?'고 의심하고 불평한다.

인간이 생존하려면 경제활동을 해야 한다. 경제활동은 국가

적으로 보더라도 제한된 자원을 효율적으로 사용하며 삶의 질을 높이는데 기여한다. 어떤 공동체든 지속가능성을 지니려면 반드시 경제적 자립 기반을 갖추어야 한다. 마을에 일자리가 사라지거나 지역경제가 피폐해지면 주민들은 먹고살기 위해 어쩔 수 없이 떠나가기 마련이다. 마을이 텅 비게 되면 제아무리 신령한 목회자라도 교회를 성장시키는 것은 말할 것도 없고 유지하는 것조차 불가능해진다. 마을이 활성화되어야 교회도 살 수 있다. 그리고 마을이 활성화되려면 무엇보다도 경제적으로 먹고 살 수 있는 환경이 마련되어야 한다.

최근 들어 우리 사회에는 지역경제의 중요성을 인식하고 지역경제를 활성화하려는 많은 노력이 생겨나고 있다. 지역경제를 활성화할 수 있는 효과적인 대안으로 이른바 '사회적 경제활동'이 강조되고 있다. 마을기업이나 협동조합, 자활기업, 사회적 기업처럼 기업의 경제활동 목적을 이윤추구만 아니라 지역사회를 발전시키는 데에도 둔 경제활동을 가리켜 '사회적 경제'라 한다.

기독교 신앙과 사회적 경제활동 사이에는 공통점이 많다. 둘 다 사회적 취약계층에 관심하고, 돈보다 사람을 중시하고, 경쟁보다는 협동과 연대의 가치를 강조하고, 구성원의 자율과 평등에 기초한 민주주의 원리를 토대로 더불어 잘 사는 공동체를 목적으로 삼는다. 이런 이유에서 한국교회는 선교 초기부터 사회적 경제활동에 큰 관심을 기울였다. 일제강점기 농촌경제가 어려움에 빠지게 되자 사회적이고 선교적인 관점에서 농촌문제 특히 농촌경제를 활성화하기 위해 힘썼다. 당시 활발했던 YMCA농촌운동이나 협동조합운동은 교회가 속해있는 지역의 경제적 가난을 해결하고, 자립적이고 이상적인 공동체를 만들려는 신앙적이고 경제적인 공동체운동이었다.

일제강점기 유재기와 배민수 목사가 주도한 '이상촌운동'은 생산과 소비, 유통을 위한 협동조합을 만들었다. 그들은 협동조합을 자본주의 한계를 극복하고, 신앙을 현실세계에 생활화할 수 있는 '유기적 조직체'요 '하나님 나라 운동의 사랑의 시설'이라고까지 생각했다. 그에 영향을 받은 장로교 농촌부에서는 교단적 차원에서 '1교회 1조합주의운동'을 시행하게 되었다.

한편, 김용기 장로는 에덴동산의 꿈을 재현하기 위해서 1931년 자신의 고향인 경기도 양주 능내리 자연부락에 '봉안이상촌' 건설을 시작으로 여러 개의 신앙적인 경제공동체를 만들었다. 공동체 식구의 의식혁명과 농업기술 전파를 위해 '가나안 농장'에 농군학교를 만들고, 협동조합의 중요성을 인식하여 농장의 구성원 및 지역주민과 함께 '가나안 협동조합'을 만들기도 했다. 협동조합은 공동체 구성원만 아니라 지역주민의 경제생활에도 커다란 도움을 주었다. 가나안복민공동체 정신은 나중에 전국적으로 벌어진 새마을운동의 모델이 되었다.

〈질문 3〉 교회가 주축이 된 사회경제 활동의 사례를 조사해 보고, 우리들이 신앙생활을 하는 교회에 주는 교훈은 무엇인지 토론해 보자.

2) 우리 교회에 적용

마을공동체운동 혹은 마을목회에 관심하는 지역교회는 교인들의 영적 문제만 아니라 먹고 사는 문제에도 관심해야 한다. 기독교에서 말하는 구원이란 전인구원이기 때문이다. 지역교회가 마을과 함께 생존하고 성장하려면 마을주민과 지역사회의 경제생활에 도움을 줄 수 있어야 한다. 특히 농촌의 작은 미자립 교회의 경우에는 경제적 자립을 위해 목회자와 교인이 서로 힘을 합쳐 경제활동을 모색할 필요가 있다. 교회가 중심이 된 사회적 경제활동은 교회만 아니라 지역사회에도 커다란 도움을 줄 수 있다.

사회적 경제활동이 무엇이든 그것은 지역교회가 위치해 있는 지역사회의 필요와 특성에서 출발해야 한다. 먼저, 지역이 가지고 있는 경제적 현안과 필요가 무엇인지 인식하고, 다음으로 지역 내 자연자원(환경자원), 문화자원, 역사자원, 그리고 인적 자원이 무엇인지 파악해야 한다. 그리고 경제활동이란 전문성을 지녀야 하기 때문에 경영에 관한 노하우를 습득해야 한다. 생산물의 유통과 판매를 위해 도시와 농촌의 교회들이 서로 연대하는 일도 필요하다.

◇ 공동기도문 ◇

우리를 사랑으로 품고 우리의 연약함에 긍휼을 더하시는 하나님께 우리의 마음을 고백합니다. 우리는 하나님의 의의 통로로 사용되길 원합니다. 우리는 사회와 세상의 구성원으로 살아가지만, 하나님 나라의 백성으로서 그리스도인의 정체성을 잊지 않고 살기를 원합니다. 지역과 사회가 우리를 통해서 변화될 수 있도록 하시고, 우리의 삶 또한 하나님이 주시는 사랑과 은혜로 풍성해 질 수 있도록 하시옵소서. 하나님의 크신 사랑으로 세상과 교회, 이웃과 마을이 연결되어 그 속에서 충만한 그리스도인의 삶이 나타날 수 있도록 역사하시옵소서. 주님의 사랑으로 하나 되는 우리, 복음으로 하나 되는 우리 공동체가 될 수 있도록 도와주시옵소서. 예수님의 이름으로 기도합니다. 아멘

4 장
아름다운 환경공동체 만들기

예레미야 9장 3-12절

3여호와의 말씀이니라 그들이 활을 당김 같이 그들의 혀를 놀려 거짓을 말하며 그들이 이 땅에서 강성하나 진실하지 아니하고 악에서 악으로 진행하며 또 나를 알지 못하느니라 4너희는 각기 이웃을 조심하며 어떤 형제든지 믿지 말라 형제마다 완전히 속이며 이웃마다 다니며 비방함이라 5그들은 각기 이웃을 속이며 진실을 말하지 아니하며 그들의 혀로 거짓말하기를 가르치며 악을 행하기에 지치거늘 6네가 사는 곳이 속이는 일 가운데 있도다 그들은 속이는 일로 말미암아 나를 알기를 싫어하느니라 여호와의 말씀이니라 7그러므로 만군의 여호와께서 이와 같이 말씀하시되 보라 내가 내 딸 백성을 어떻게 처치할꼬 그들을 녹이고 연단하리라 8그들의 혀는 죽이는 화살이라 거짓을 말하며 입으로는 그 이웃에게 평화를 말하나 마음으로는 해를 꾸미는도다 9내가 이 일들로 말미암아 그들에게 벌하지 아니하겠으며 내 마음이 이런 나라에 보복하지 않겠느냐 여호와의 말씀이니라 10내가 산들을 위하여 울며 부르

> 짖으며 광야 목장을 위하여 슬퍼하나니 이는 그것들이 불에 탔으므로 지나는 자가 없으며 거기서 가축의 소리가 들리지 아니하며 공중의 새도 짐승도 다 도망하여 없어졌음이라 11내가 예루살렘을 무더기로 만들며 승냥이 굴이 되게 하겠고 유다의 성읍들을 황폐하게 하여 주민이 없게 하리라 12지혜가 있어서 이 일을 깨달을 만한 자가 누구며 여호와의 입의 말씀을 받아서 선포할 자가 누구인고 이 땅이 어찌하여 멸망하여 광야 같이 불타서 지나가는 자가 없게 되었느냐

1. 세상 바라보기: 하나님과의 관계 파괴가 자연환경의 위기를 초래하였다

예레미야 9장은 인간과 자연의 관계가 인간과 하나님의 관계 및 인간과 인간의 관계와 깊이 연결됨을 언급한다. 예레미야는 이러한 생태계의 파괴가 하나님에 대한 불순종 및 인간과 인간 사이의 부정의 한 관계에서 야기되는 것임을 설명한다. 먼저 9장 10-12절은 하나님의 심판을 통해, 생태계가 파괴될 것을 말한다. 무성한 곳들이 황무하게 되고, 가축의 소리가 들리지 않으며, 공중의 새와 짐승도 다 도망가 사라지고, 모든 땅과 성읍이 황폐하게 될 것이라는 것이다(렘 4:23-26, 14:4-6).

9장 12-14절은 하나님에 대한 불순종의 모습을 여러 형태

로 표현한다. 13절은 그들이 하나님의 법을 버리고 마음으로 하나님의 목소리를 청종치 않았음을 말한다. 그들이 하나님을 떠나 우상을 숭배하였음을 예레미야는 비판하고 있다. 이와 같은 하나님의 말씀에 대한 불순종은 자연의 파괴와 전쟁을 통한 하나님의 심판을 가져온다는 것이다(9:9).

〈질문 1〉 하나님과의 화해가 인간의 자연과의 화해와 연관되는 이유에 대해 말해보자.

2. 세상에서 성경으로: 하나님과의 관계 파괴는 이웃과의 관계 파괴를 야기한다

왜 하나님의 말씀을 청종하지 않는 것이 자연에 대한 파괴를 가져오는 것일까? 자연은 하나님께서 우리에게 주신 선물이다. 예수 그리스도의 십자가의 보혈이 우리를 향한 붉은 색의 은총(Red Grace)이라면, 자연은 우리를 위해 베풀어주신 하나님의 녹색의 은총(Green Grace)인 것이다. 우리는 우리의 일과 노력을 통해, 우리의 생명을 보존한다고 생각할 때가 많으나, 실상은 그렇지 않다. 우리는 하나님이 주신 자연에 조금의 노력을 보태어 우리의 삶을 유지하는 것이다. 따지고 보면 모든 것이 다 하나님께서 주신 것이다. 우리의 영이 주님의 피의 보혈을 통해 구속되듯, 우리의 육체는 주님의 녹색 은총에 의해 생명을 갖게 되는 것이다. 하나님의 말씀에 대한 믿음과 순종은 우리의 영의 구속뿐 아니라, 우리의 육의 구속 또한 가능하게 한다. 우리가 이러한 하나님이 주시는 은총을 무시하고, 하나님의 뜻에 어그러진 길을 행할 때, 하나님은 우리에게 그의 분노를 퍼부으실 것임을 예레미야는 경고하고 있다(렘 7:20). 물론 하나님의 심판은 자연을 통한 심판만 있는 것은 아니다. 예레미야는 칼과 기근과 염병을 통해 인류를 심판하는 하나님을 말한다(렘 29:18).

9장 1-10절은 이웃에게 거짓을 말하며, 이웃에게 해를 도모하는 것이 생태계를 파괴하는 하나님의 진노를 야기하는 것임을 언급한다. 하나님에 대한 예배와 사랑은 이웃을 사랑하고 정의를 행하는 문제와 연관된다. 눈에 보이는 이웃에게 부정의를 행하며, 하나님을 사랑한다고 말하는 것은 거짓이다. 정의를 행하는 것과 생태적 지속성은 서로 긴밀히 연관되어 있다. 국가 간, 계층 간의 부의 편중 및 부정의 한 사회현실은 보다 나은 환경 대책을 방해하는 요인이 된다.

부의 편중이 야기하는 가장 중대한 문제는 심리적인 것이다. 너무 못사는 사람들에게는 이 지구가 하등 지탱할 만한 가치가 있는 것으로 생각되어지기 어렵다. 잘 사는 나라들이나 사람들은 좋은 세상에서 더 오래 살고 싶겠지만, 그렇지 못한 사람들의 생각은 종말적일 수밖에 없다. 과격하게 이 세상이 바뀌거나, 하루아침에 전부 사라져 버리는 것에 대한 기대가 그들을 지배하게 된다. 없는 자에겐 환경을 보존한다고 하여도, 그 좋은 환경의 혜택을 받기 어렵다. 없는 사람들은 상대적으로 더 열악한 조건 가운데로 내 몰릴 수밖에 없으며, 그러한 것이 환경을 살리고자 하는 그들의 의지에 찬물을 끼얹게 된다. 환경에 대한 대처에 가난한 사람들도 적극 참여케 하기 위해서는 그들과 풍요를 나누는 일이 전제되어야 한다. 그렇지 않고 행해지는 환경에의 외침은 있는 사람들의 위선과 다를 바가 없다. 모두는 오늘의 삶이 그럼에도 지탱할만한 것이라고 느낄 수 있도록 그들의 아픔을 함께 져야 한다. 오늘의 삶에서 가치를 느끼는 자만이 그것을 후손에게 더 나은 형태로 물려주고 싶다는 생각도 할 수 있게 되는 것이다. 오늘이 약속되어 있지 않는 자에겐 미래도 약속되어 있지 않으며, 약속될 필요도 없다. 지탱할 만한 가치가 있다고 느끼는 사회가 되어야, 지속성 있는 생태계의 유지가 용이해지게 된다.

〈질문 2〉 인간과 인간 사이의 사회적 관계가 인간과 자연의 생태적 관계와 연결되어 있다는 사회생태학적(Social Ecology) 논의에 대해 서로 이야기해 보자.

3. 성경에서 실천으로: 마을환경의 개선을 위해 공동의 노력을 경주하는 마을목회

1) 사례/ 탕자의 비유에서 우리는 이웃과 공동체의 중요성을 발견하게 된다.

오늘의 환경 위기는 공동체의 것을 이웃과 소중히 공유하고자 하는 마음에서 극복될 수 있을 것이다. 자원의 낭비와 공해의 방치는 공공으로 소유하고 있는 것에 대해 무관심하며, 가치를 적게 두는 데에서 비롯된다. 사유재산의 의미가 부각되는 사회에서는 그에 상대하여 공동으로 소유하고 있는 것들에 대한 가치가 곧잘 평가 절하된다. 내 손아귀에 거머쥔 것만이 소중한 것인 반면, 공공의 물과 공기와 삼림과 토양들은 상대적으로 하찮은 것으로 생각되어진다.

성경은 인간의 이러한 타락을 누가복음 15장에서 말하고 있다. 15장에는 우리가 잘 아는 탕자의 비유가 있는데, 그 작은 아들의 타락이 다음의 말로 시작되고 있다. "그 둘째가 아비에게 말하되 아버지여 재산 중에서 내게 돌아올 분깃을 내게 주소서 하는지라 아비가 그 살림을 각각 나누어주었더니, 후 며칠이 못되어서 둘째 아들이 그 재물을 다 모아 가지고 먼 나라에 가 거기서 허랑방탕하여 그 재물을 허비하더니." 이 본문은 둘째 아들이 그의 아버지에게 내 것을 내게 달라고 말함으로써 그의 타락을 시작하고 있음을 보인다. 그의 아버지의 것이 다 그의 것이었음에도 불구하고, 그는 만족하지 못하였다. 그는 공동으로 가지고 있는 재산을 자기만의 것으로 소유하고 싶었던 것이다.

공동의 것에 있는 것의 아름다움을 파악하지 못하고, 그것을 자신의 손아귀에 거머쥐게 될 때, 그 재산은 허랑 방탕을 위한 수단이 된다. 산천에 두고 보는 꽃이 더 아름답지만, 우리는 그 꽃을 꺾어 가지고 집으로 가지고 와야만 만족한다. 그렇게 공공의 가치가 존중되지 않는 곳에, 인간의 추함과 온갖 자연파괴가 야기되게 된다. 둘째 아들의 타락이 끝나는 곳에서 다시 첫째 아들의 타락이 시작되고 있다. 모든 재산을 다 써버리고 돌아온 둘째 아들의 위해 살찐 송아지를 잡는 아버지의 호의가 첫째 아들은 못마땅하였다. 그 불만을 토로하는 첫째 아들을 향해 아버지는 다음의 말을 하였다. "아버지가 이르되 애 너는 항상 나와 함께 있으니 내 것이 다 네 것이로되 아 네 동생은 죽었다가 살았으며 내가 잃었다가 얻었기로 우리가 즐거워하고 기뻐하는 것이 마땅하다 하니라." 첫째 아들도 역시 공동으로 소유하고 있는 것들의 가치를 발견하지 못하였던 것이다.

〈질문 3〉 오늘날 우리 사회에 있어 공동체성의 강화와 공동선에 대한 인식의 중요성에 대해 논의해 보자.

예레미야 26장 3-4절은 이러한 자연적이며 사회적 재앙을 피하는 길이 하나님의 뜻을 따라 악한 길에서 돌이키는 것에 있음을 언급한다. 한국에서 잘 살기 위해서는 한국의 법을 따라야 하며, 미국에서 잘 살기 위해서는 미국의 법에 따라야 한다. 하나님이 만드신 이 세상 속에서 잘 사는 길은 하나님의 뜻에 따라 사는 것이다. 하나님의 명령에 의거하여, 하나님을 사랑하고, 이웃을 사랑하며, 우리에게 주어진 이 자연을 가꾸고 돌보면서 사는 것이 인간과 자연의 관계를 아름답게 하는 길이다.

오늘 우리는 우리가 사는 마을의 자연환경과 주거환경을 다시 생각해보게 된다. 우리가 우리 집 내부 만에 관심을 두고, 집 밖의 이웃과 공유한 환경들에는 무관심할 때, 우리의 환경은 점점 나빠지게 될 것이다. 나의 손아귀에 가지고 있는 것도 중요하지만, 이웃과 공유하고 있는 공유재산과 환경의 중요성에 대해 깨달을 때, 우리 주변은 더욱 아름다워질 것이라 생각한다. 이웃과 힘을 합쳐 지역의 시내도 다시 살리고, 지역 내의 산들의 숲도 가꾸고, 우리의 주거환경도 개선하는 등 우리의 힘을 합한다면 우리는 더욱 생기 있는 마을을 만들 수 있을 것이다. 마을목회는 이 같은 마을환경에 대한 공동의 노력을 필요로 한다. 함께 마을환경에 대해 논의하고, 지혜를 모으고, 마음을 합하며, 뜻을 다해 실천하여 나간다면 우리는 우리의 마을들을 더욱 살기 좋은 곳으로 만들 수 있을 것이다.

〈질문 4〉 자연환경의 회복을 위한 마을목회의 구체적 방안들에 대해 서로 이야기해 보자.

◇ **공동기도문** ◇

우리의 죄악으로 인해 우리는 우리의 하나님을 슬프게 하였습니다. 우리의 죄악은 모든 피조물들이 신음하는 세상을 만들었습니다. 온 자연계의 울부짖음으로 우리 인간들도 함께 고통을 당하는 세상이 되었습니다. 주님 우리를 이 같은 고통으로부터 건져주시옵소서.

인간과 하나님의 관계가 아름다워지므로 인간과 인간의 관계, 인간의 자연의 관계가 아름다워질 수 있음을 믿게 하여주시옵소서. 나만 보고 사는 자에서, 모든 것을 바라보며 사는 우리가 되게 하여 주시옵소서. 공동체 정신을 가지고 함께 누리는 행복을 되찾게 하여 주시길 바랍니다.

나뿐 아니라, 모든 인간들이, 그리고 모든 생명체와 온 우주가 크게 기뻐하는 세상을 만드는 우리가 되게 하여 주시옵소서, 만물에 대한 주님의 사랑으로 마을의 모든 생명체들을 돌보는 우리가 되게 하여주시옵소서. 우리로 인해 이 마을이 아름답게 꽃피게 하여주시옵소서. 이 모든 말씀 예수님의 이름으로 기도합니다. 아멘.

5 장
건강한 마을교육공동체 만들기

> **요한복음 4장 5-8절**
>
> 5사마리아에 있는 수가라 하는 동네에 이르시니 야곱이 그 아들 요셉에게 준 땅이 가깝고 6거기 또 야곱의 우물이 있더라 예수께서 길 가시다가 피곤하여 우물곁에 그대로 앉으시니 때가 여섯 시쯤 되었더라 7사마리아 여자 한 사람이 물을 길으러 왔으매 예수께서 물을 좀 달라 하시니 8이는 제자들이 먹을 것을 사러 그 동네에 들어갔음이러라
>
> **요한복음 4장 39-42절**
>
> 39여자의 말이 내가 행한 모든 것을 그가 내게 말하였다 증언하므로 그 동네 중에 많은 사마리아인이 예수를 믿는지라 40사마리아인들이 예수께 와서 자기들과 함께 유하시기를 청하니 거기서 이틀을 유하시매 41예수의 말씀으로 말미암아 믿는 자가 더욱 많아 42그 여자에게 말하되 이제 우리가 믿는 것은 네 말로 인함이 아니니 이는 우리가 친히 듣고 그가 참으로 세상의 구주이신 줄 앎이라 하였더라

1. 세상 바라보기: 절망에 빠진 한 여인과 수가 마을의 공동체적 배움

사마리아 지역의 수가라는 작은 마을에 불행한 운명의 한 여인이 살고 있었다. 그녀는 첫 결혼에 실패한 이후 네 번이나 새로운 남자와 가정을 꾸렸지만 번번이 실패를 거듭했다. 그녀는 삶이 고달프고 부끄러워 마을 사람들을 만나는 것이 두려웠다. 그래서 물이 필요하여 물을 길러 갈 때도 남들이 집에서 쉬는 시간을 이용해서 몰래 우물을 찾곤 하였다. 그러던 어느 날 남들 눈을 피해 우물에 물을 길러 갔다가 유대인 한 남자를 만나게 되었다. 그녀는 그 남자를 보는 것이 불편하고 부끄러웠다. 그러나 그 남자는 사회적 관습에 아랑곳하지 않고 그녀에게 말을 걸어왔다. 그녀는 마지못해 그 남자의 질문에 답을 하면서 점점 대화 속으로 들어가게 되었다. 그 대화를 통해 그녀는 그녀의 인생에서 가장 중요한 배움을 얻게 되었다. 그녀가 대화를 나누고 있는 그 남자가 진리되신 메시야임을 알게 된 것이다. 특별한 장소가 아닌 늘 이용하던 마을의 외딴 우물가에서 유명한 율법학자가 아닌 한 낯선 남성으로부터 그녀의 삶을 변화시킬 놀라운 지식을 배우게 된 것이다.

　참된 진리에 대한 배움을 경험한 그 여인은 그것을 혼자만 소유하고 있을 수가 없었다. 그녀는 그 놀라운 지식을 마을사람들과 공유하기를 원했다. 그래서 그녀는 마을 거리를 다니며 만나는 사람들에게 그녀가 얻은 배움의 경험을 전하여 주었다. 주민들은 그 여인의 이야기를 듣고 메시아에 대해 알아가기 시작했다. 그들은 여인을 통해 알게 된 메시아 되신 예수를 직접 보고 배우기를 원했다. 그래서 그들은 예수를 마을로 청빙하여 이틀 동안 가르침을 받았다. 그리고 그들은 진정한 진리에 눈뜨게 되고 예수를 구원자로 믿게 되었다.

　　우물가에서 이루어진 한 여인의 진리에 대한 개별적인 배움이 마을의 거리에서 주민들과 함께 공유되었고, 마침내 많은 주민들이 예수로부터 직접 가르침을 받아 진리에 대한 공동체적인 배움을 얻게 되었다. 그리하여 절망적 운명의 여인이 살던 수가 마을은 주민 대다수가 오랫동안 기대하던 메시야를 알고 믿게 되는 축복된 마을교육공동체가 된 것이다.

〈질문 1〉 자신이 만난 그가 메시야라는 사실을 알게 된 그 여자는 집으로 가는 대신 마을로 들어가 사람들에게 자신이 알게 된 사실을 전하고 다녔다. 사람들 만나기를 꺼려하던 그 여자가 이처럼 사람들을 찾아다니며 자신의 이야기를 나누게 된 이유는 무엇일까?

〈질문 2〉 여인이 우물가에 왔을 때부터 예수님을 만난 뒤 마을로 들어가 자신의 경험을 전하게 되기까지 그녀의 심경의 변화를 묘사해 보자.

2. 세상에서 성경으로: 겸손과 신뢰 위에 피어나는 마을교육 공동체

그 여인이 예수님으로부터 진리에 대한 배움을 얻었다는 사실은 놀라운 일이다. 사마리아 여인이 유대인 남성을 만나 대화를 나누는 일은 당시 사회적 관습으로 무척 어려운 일이었다. 더구나 그 여인은 절망적인 운명 속에서 헤어 나오지 못하고 있는 상황이라 낯선 남성인 예수로부터 중요한 무언가를 배운다는 사실은 불가능한 일에 가까울 것이다. 그러나 그녀는 예수로부터 생의 결정적인 배움을 얻을 수 있었다. 이러한 일이 가능했던 이유는 무엇이었을까? 그것은 그 여인을 향한 선생 되신 예수의 긍휼히 여기는 마음 때문이었을 것이다. 예수님은 다분히 의도적으로 사마리아로 들어가셔서 그 여인을 만났다. 그리고 그녀에게 말을 걸어 대화를 이끌었고, 마침내 진리를 가르쳐 믿게 하였다. 이러한 모든 일들이 진행된 이면에는 예수님의 사랑이 자리 잡고 있음이 분명하다.

여인에게 그 놀라운 일이 가능했던 또 다른 이유를 찾는다면 여인의 가난한 마음 때문이었을 것이다. 절망 중에 있어 자신을 숨기고 싶었던 그 여인은 메시아 되신 예수 앞에서 자신을 감출 수가 없었다. 자신의 적나라한 모습이 드러나자 그녀는 솔직하게 자신의 누추함을 인정하고 예수님을 메시아로 받아들였다. 만일 그녀가 보통의 사마리아인들처럼 유대인에게 갖는 적대적인 감정에 빠져있었거나 당시 바리새인들처럼 자신의 진실한 모습 보기를 거부했다면 그녀는 메시아를 알지도 믿지도 못했을 것이다. 참된 진리에 대한 배움은 죄인인 자신을 인정하는 가난한 마음으로부터 시작된다는 사실을 보여준다(마 5:3).

한 여인으로부터 시작된 진리에 대한 개인적인 배움이 마을의 공동체적인 배움으로 확산될 수 있었던 이유는 무엇일까? 이에 대한 하나의 답은 여인이 배움으로 얻게 된 귀중한 지식을 이웃들과 함께 공유하고 싶어 하는 공동체의식을 갖고 있었기 때문이다. 그녀 앞에 있는 남성이 메시아란 사실을 알게 된 그녀는 물통에 물을 길어 집에 가져가야 하는 자신의 본분을 잊어버릴 만큼 놀랐다. 그녀는 물통을 그대로 버려두고 마을로 뛰어 들어갔다. 지금까지 가졌던 부끄러움을 잊어버리고 자신이 경험했던 배움을 나누었다. 마을 주민 모두가 기대하는 메시아와의 만남을 자신만 누릴 수가 없었던 것이다. 좋은 것을 함께 하고 싶어 하는 공유의식 혹 공동체의식은 복음이 그녀를 넘어 마을 전체의 것으로 확산되는데 중요하게 작용했음이 틀림없다.

배움이 공동체적인 것으로 확산된 또 다른 이유는 마을주민들이 갖고 있었던 신뢰감 때문이었다. 여인은 마을 주민들에게 불편한 존재로 알려져 있었을 것이다. 친하고 싶지 않은 이웃이었는지 모른다. 그럼에도 불구하고 어느 날 그녀가 달려와 메시아에 대한 이야기를 할 때 그녀의 말을 무시하지 않았다. 만일 주민들이 선생도 아니고 평소에 배울 점이 없다고 생각해서 그날 그녀의 말을 귀담아 듣지 않았다면 그 마을은 구세주에 대한 놀라운 배움이 없었을 것이다. 사람들 가운데 상호신뢰가 있을 때 배움이 일어나고 그 배움은 확산된다. 자신이 먼저 알게 된 진리를 이웃과 공유하기를 원했던 한 여인의 마음과 그 여인의 부정적인 외적 조건에도 불구하고 그녀의 말에 귀를 기울인 신뢰가 존재하였기에 수가 마을은 진정한 배움이 발생하는 마을교육공동체가 될 수 있었던 것이다.

〈질문 3〉 여인은 왜 자신의 소중한 물동이도 잊어버린 채 마을로 뛰어 들어갔는가?

〈질문 4〉 마을 주민들은 여인이 전하는 그녀의 경험을 듣고 어떤 반응을 보였을까?

〈질문 5〉 한 마을이 건강한 마을교육공동체가 되기 위해 필요한 것들은 무엇인가?

3. 성경에서 실천으로

1) 사례/ 포로에서 귀환한 이스라엘 백성들의 공동체적 배움(에스라, 느헤미야)

바벨론에서 귀환한 이스라엘 공동체는 에스라와 느헤미야의 지도하에 예루살렘 성전과 성벽을 재건하는 사역을 하였다. 그들은 고된 노동에 지치고 외부 적들의 모함과 위협에 두려워 떨어야 했다. 그러자 그들은 고국에 귀환한 목적을 망각한 채 불평불만을 늘어놓고 율법을 무시하기 시작했다. 생활의 편리를 위해 이방여인들과 결혼을 하고, 같은 공동체인 동포들을 돈을 받고 팔아넘기는 악한 일들을 자행했다. 이러한 혼란스러운 상황에서 지도자였던 느헤미야와 에스라는 이스라엘 공동체에게 결정적인 배움의 기회가 필요하다고 생각했다. 그것은 모두가 함께 하나님의 말씀을 듣는 것이었다. 그래서 그들은 모든 백성들을 광장에 불러 모았다. 그리고는 치밀한 계획 가운데 학사 에스라가 성경을 크게 낭독하였고, 그러면 제사장들과 레위인들이 성경말씀의 뜻을 풀어서 백성들에게 설명해주었다. 이스라엘 공동체는 이러한 공동체적 배움을 통해 자신들의 죄를 밝히 보게 되고 죄를 회개하게 되었다. 자신들을 직시한 그들은 율법말씀을 따라 살기로 작정하고 당장 말씀에 있는 대로 절기를 지키며 공동체적 기쁨을 누리기도 하였다. 지리멸렬한 이스라엘 백성들이 건강한 교육공동체로 성장하는 데는 지도자 느헤미야와 에스라의 역할이 컸다. 무엇보다 그들은 백성들에게 율법말씀을 들려줌으로 그들의 죄를 깨닫게 하고 그들을 새로워지게 하였다. 율법에 대한 공동체적 배움은 공동체를 새롭게 하는 힘을 발휘했다.

〈질문 6〉 수가 마을 주민들의 공동체적 배움과 귀환한 이스라엘 주민들의 공동체적 배움 사이의 유사성과 차이점을 설명하시오.

2) 적용: 겸손과 신뢰의 마을교육공동체를 만드는 마을목회

　　마을교육공동체에서는 학교나 교회 같은 공식적인 교육기관이나 공식적인 교육시간 외에도 어디에서든 언제나 배움이 일어난다. 오히려 마을의 길가에서 낯선 이로부터 결정적인 배움을 얻게 되기도 한다. 그러므로 교사나 목사뿐 아니라 누구나 선생의 역할을 하게 된다. 이러한 상황에서 중요한 것은 모든 사람들이 언제 어디서나 누군가로부터 배울 준비가 되어있는 학습자가 되는 것이다. 그러기 위해서 필요한 것은 자신의 마음을 비워 가난하게 되는 겸손함과 서로에 대한 신뢰감이다. 이에 덧붙여 참된 지식을 이웃과 함께 알고자 하는 공동체적 진리탐구의 마음이 필요하다.

　　교회는 사람들이 지니고 있는 가식적인 모습을 벗고 진실한 자아의 모습에 직면하도록 안내하는 역할을 해야 한다. 교회에서 전하는 하나님의 말씀은 사람들로 하여금 자신의 죄인 됨을 깨닫게 해준다. 그리하여 자신을 솔직하게 아는 진실한 사람은 진리에 대한 갈증을 갖고 참된 배움을 찾아나서는 순례의 길을 걷게 될 것이다. 이처럼 배움에 대한 갈증으로 늘 배우고자 하는 사람들이 함께할 때 그곳은 배움의 공동체가 될 것이다. 배움의 공동체 혹은 교육공동체에서는 나이든 자가 어린이에게, 학식이 많은 자가 무학자에게, 교사가 학생에게 귀를 기울이고 배우고자 한다. 배움의 공동체 혹은 교육공동체를 만드는 일은 하나님의 말씀을 맡은 교회가 해야 하는 중요한 사역이기도 하다. 우리 사회를 겸손과 신뢰의 교육공동체로 만드는 일은 교회가 먼저 모범을 보임으로서 가능하게 될 것이다.

〈질문 7〉 겸손과 신뢰가 토대된 마을교육공동체를 만들기 위해 교회는 어떤 모범을 보여야 하는가?

◇ 공동기도문 ◇

사랑의 하나님, 공동체로 우리를 모이게 하시고 성령의 띠로 묶어주심을 감사드립니다. 우리를 향하신 하나님의 사랑을 이웃과 함께 나누길 원합니다. 우리 동네, 이웃 마을, 우리 지역 모두 하나님께서 통치하시는 하나님 나라가 되길 원합니다. 지역이기주의와 상호비방, 차별과 편견이 우리를 괴롭히지 못하도록 우리의 삶 속에서 하나님이 우리를 보호하고 지켜주시옵소서. 우리가 속해 있는 공동체가 모양은 달라도 하나님의 선하신 영향력과 뜻을 따라 움직이는 믿음의 공동체가 될 수 있도록 도와주시고, 겸손과 신뢰를 통해 서로를 돌아보고 격려하는 진정한 마을목회공동체가 될 수 있도록 역사하시옵소서. 주님의 주권아래 모든 것들이 이루어지길 소망합니다. 예수님의 이름으로 기도합니다. 아멘.

6 장
마을목회와 문화공동체

로마서 12장 1-13절

1 그러므로 형제들아 내가 하나님의 모든 자비하심으로 너희를 권하노니 너희 몸을 하나님이 기뻐하시는 거룩한 산 제물로 드리라 이는 너희가 드릴 영적 예배니라 2 너희는 이 세대를 본받지 말고 오직 마음을 새롭게 함으로 변화를 받아 하나님의 선하시고 기뻐하시고 온전하신 뜻이 무엇인지 분별하도록 하라 3 내게 주신 은혜로 말미암아 너희 각 사람에게 말하노니 마땅히 생각할 그 이상의 생각을 품지 말고 오직 하나님께서 각 사람에게 나누어 주신 믿음의 분량대로 지혜롭게 생각하라 4 우리가 한 몸에 많은 지체를 가졌으나 모든 지체가 같은 기능을 가진 것이 아니니 5 이와 같이 우리 많은 사람이 그리스도 안에서 한 몸이 되어 서로 지체가 되었느니라 6 우리에게 주신 은혜대로 받은 은사가 각각 다르니 혹 예언이면 믿음의 분수대로, 7 혹 섬기는 일이면 섬기는 일로, 혹 가르치는 자면 가르치는 일로, 8 혹 위로하는 자면 위로하는 일로, 구제하는 자는

> 성실함으로, 다스리는 자는 부지런함으로, 긍휼을 베푸는 자는 즐거움으로 할 것이니라 9사랑에는 거짓이 없나니 악을 미워하고 선에 속하라 10형제를 사랑하여 서로 우애하고 존경하기를 서로 먼저 하며 11부지런하여 게으르지 말고 열심을 품고 주를 섬기라 12소망 중에 즐거워하며 환난 중에 참으며 기도에 항상 힘쓰며 13성도들의 쓸 것을 공급하며 손 대접하기를 힘쓰라

1. 세상 바라보기: 세대 갈등의 원인이 되는 문화 차이

　최근 통계청의 발표에 따르면 2015년의 우리나라 노동가능인구는 73.4%였지만 2065년에는 47.9%로 떨어질 것으로 예측된다. 앞으로 경제적인 생산 활동에 참여하는 인구는 점차 줄어들고 고령의 노인들이 더 많아질 것이다. 이런 예측은 이미 현실화되고 있다. 일자리를 두고 청년층과 노년층이 경쟁을 하고 있고 각 세대의 이익을 주장하는 목소리도 점차 높아지고 있다. 예컨대 베이비부터 세대의 은퇴시기가 다가옴에 따라 노후를 불안해하는 이들이 많아지면서 정년연장에 대한 사회적 논의가 요구되고 있지만 청년들은 노년세대가 자신들의 일자리를 빼앗아 간다고 생각한다.

　이런 세대 간 갈등은 근본적으로 두 세대가 전혀 다른 문화

를 경험하면서 서로 다른 방식으로 세상을 바라보기 때문에 발생한다. 기성세대는 가족을 중시하고 가족을 위해 희생하는 것을 당연한 것으로 생각해왔다. 그래서 산업발전 시기에 열심히 일을 했고, 가족들을 지키는 울타리 역할을 했다. 조국의 경제발전에 이바지했다는 자긍심이 강한 기성세대는 조직을 위해서 자신을 기꺼이 희생할 수 있다고 생각한다. 그러나 오늘날의 청년세대는 그런 기성세대의 문화를 이해하지 못한다. 이들은 자기 자신이 우선이며, 타인과 함께 살아간다고 생각하기보다는 혼자 즐기고 혼자 생활하는 방식에 익숙하다. 부모 세대의 헌신을 고맙게 생각하기도 하지만 그들처럼 희생하며 살아가기는 원하지 않는다.

이런 문화적 차이는 사회를 바라보는 관점에서도 나타난다. 이런 차이는 각 세대가 공존할 수 있는 상황이라면 피차 존중할 수 있겠지만 앞서 언급한 대로 서로 경쟁해야 하는 상황이라면 문화적 차이는 갈등을 야기하는 원인이 되기도 한다. 한국 사회에서 이런 갈등은 문화적 동질감을 파괴하여 한 공동체의 유대감을 약화시킨다. 이념의 정치적 갈등과 불평등으로 야기되는 경제적 갈등이 날이 갈수록 첨예하게 드러나고 있다. 최근 각종 선거에서 이러한 세대 간 대결 양상이 뚜렷해지고 있고 최저임금 인상이나 정년연장 등의 사회적 의제에 대해서도 입장이 확연히 갈린다. 정치적 갈등과 경제적 경쟁은 결국 한국 사회의 문화적 공동체성을 파괴하고 있는 것이다.

한국교회는 한국 사회의 문화적 공동체성을 회복하는 일을 선교적 과제로 인식해야 한다. 한국교회의 선교가 정치적, 경제적 갈등에 더해 교회와 세상의 갈등 혹은 그리스도인과 비그리스도인의 갈등까지 유발해서는 안 된다. 이런 점에서 복음과 공공성에 기초한 하나님 나라의 문화를 증언함으로써 '문화적 공동체성'을 확장하는 방향으로 선교적 패러다임을 전환해야 할 때이다.

〈질문 1〉 한국교회가 한국 사회의 통합과 화해에 긍정적인 역할을 하고 있는가? 만약 그렇지 못하다면 그 원인은 무엇이라고 생각하는가?

2. 세상에서 성경으로

'문화'는 우리가 살아가는 방식의 모든 측면을 말한다. 즉 '삶의 양식'(Mode of Life)이 문화이다. 그것은 보이는 인공물과 보이지 않는 감정, 정신, 사상 등도 포함된다. 그래서 '문화공동체'라고 할 때, 우리는 보이는 것과 보이지 않는 것을 비슷한 방식으로 표현하고 실천하는 공동체를 의미하는 것이다. 같은 언어를 사용하고 유사한 습관을 가지고 있는 민족공동체나 국가, 도시, 마을 등이 그런 실체가 될 것이다. 신학적 관점에서 보자면 '문화공동체'는 영적인 면과 육적인 면을 모두 포함한다. 또 이 양쪽 면을 모두 포함해서 기독교적 영성 혹은 기독교적 삶이라 일컫는다.

이 본문은 그리스도인들이 지향해야 할 '문화공동체'가 어떤 모습인지 잘 보여주고 있다. 그리스도인은 세상 속에서 살아가지만, 그 본연의 소속감은 세상이 아니라 하나님 나라에 있는 이들이다. 그러므로 세상 한 가운데 살아가는 개인이면서 동시에 천국의 시민으로 살아가는 공동체의 일원이다. 교회가 바로 하나님 나라의 문화를 맛보고 증언하는 '문화공동체'인 셈이다. 이들은 "몸을 하나님께 제물로 드리는 영적인 예배자들이다"(1). 영적인 예배는 단지 보이지 않는 세계만을 바라는 것이 아니라 움직이고 노동하며 생산과 소비를 실천하는 몸의 삶을 하나님께 헌신하는 것을 의미한다. 이들은 "이 세대를 본받지"(2) 않는 이들이다. 이 세대를 본받지 않음은 곧 세상의 지배적인 '삶의 양식'을 추구하지 않고 "하나님의 선하시고 기뻐하시고 온전하신 뜻"(2)에 따라 사는 삶이다. 세상과 격리되는 삶이 아니라 세상의 방식과 결별하고 하나님의 뜻에 따라 살아가는 이들의 공동체가 교회이다.

바울은 로마에 있는 그리스도인들에게 편지를 보내면서 유대인과 헬라인, 자유자나 노예 모두 가릴 것 없이 하나님의 백성으로 살아가야 한다는 점을 분명히 했다. 더 이상 유대인의 특권은 보장되지 않고, 오직 믿음으로만 그리스도인의 특권을 얻게 된다는 것이었다. 그들은 혈통이나 유전과 상관없이 주님의 은총에 의해 하나가 되는 공동체이다. 그들은 주님이 선포하신 하나님 나라의 삶의 방식에 헌신하는 이들이다. 본문이 증언하는 '문화공동체'는 서로의 차이와 다양성이 존중되고, 그러나 이 세대와 다른 하나님 나라의 문화공동체로 연합된 공동체이다.

서로 인정하는 공동체는 "각 사람에게 나누어 주신 믿음의 분량"(3)에 따라 역할을 맡는다. 이것은 몸에 여러 지체가 있지만 서로 다른 기능을 담당하는 것과 같다. 그래서 그리스도인이 바라는 '문화공동체'는 "많은 사람이 그리스도 안에서 한 몸"(5)이 되는 공동체이다. 이런 공동체는 각 자의 역할에 충실하면서도, 서로 위로하고 도우며 긍휼을 베푼다(8). 또 서로 사랑하고 우해하며 먼저 존중할 줄 알며(10), 대접하기를 즐긴다(13). 세상에서 살아가지만 세상의 방식을 따르지 않고 하나님 나라의 방식을 따르는 이들이 반드시 실천해야 할 명령이 있다. 진정한 사랑으로 "악을 미워하고 선에 속하라"(9)는 명령이다. 그리스도인의 '문화공동체'는 사랑의 공동체이며, 선을 실천하는 공동체이다.

로마는 세계를 지배하며 여러 민족을 하나의 법으로 통치하기 위해 강력한 군사력과 경제력이 필요했다. 그러나 바울이 증언하는 그리스도인의 공동체는 오히려 다양성을 존중하고 각자의 역할을 인정하며 사랑으로 선을 실천함으로 이루는 하나님 나라의 문화공동체이다. 오늘의 세계 역시 돈과 권력으로 사람들을 하나의 질서에 통합하려고 한다. 그러나 그럴수록 갈등과 충돌이 격화된다. 한국 사회의 세대 간 갈등과 충돌 역시 자신만의 이익과 입장을 주장하기 때문에 공동체를 파괴한다. 사람들은 서로 대접하지 않고 인정하지 않으며 이기적인 탐욕에 노예가 된다. 한 마디로 '문화공동체'의 가장 중요한 조건인 '공동의 선'(the Common Good)을 추구하지 않는다. 이제 교회가 이 일을 선교적인 과제로 받아들여야만 한다.

〈질문 2〉 그리스도인이 사회에서 선에 속하여 살아가기에 가장 걸림돌이 되는 것은 무엇인가? 그 걸림돌을 극복하는 방법은 무엇인가?

3. 성경에서 실천으로

사도행전 15장에는 초대교회의 시작, 즉 복음이 이방세계로 전개되는 본격적인 서막을 보여준다. 성령의 권능이 임하신 후(1:8), 빌립이 사마리아에서 복음을 전하고, 예수 믿는 이들을 핍박하던 사울이 바울이 되었으며, 베드로가 백부장 고넬료에게 복음을 전했다. 바나바와 바울은 안디옥에서 복음을 전했다. 이방세계에서 성령의 역사가 일어나고 교회가 세워지자 바울은 할례를 둘러 싼 논란을 해결하고 선교보고를 하기 위해 예루살렘 공의회를 방문했다. 일부 바리새파 그리스도인은 이방인들도 할례를 받아야 할 것을 주장하기도 했다. 이때 베드로가 일어나 변론하기를 "그들의 마음을 깨끗이 하사 그들이나 우리나 차별하지 아니하셨느니라(15:9)"고 하며 "그들이 우리와 동일하게 주 예수의 은혜로 구원 받는 줄을 믿노라"(10) 하였다. 예루살렘 공의회는 이러한 베드로의 주장을 받아들이고 바나바와 바울을 다시 안디옥 교회로 파송하면서 "성령과 우리는 이 요긴한 것들 외에는 아무 짐도 너희에게 지우지 아니하는 것이 옳은 줄 알았노니"(28)라 하며 몇 가지 지킬 것들만 요구하였다.

"이 사건은 복음이 세계로 확장되는 결정적인 계기가 되었다. 이후로 바울은 소아시아 곳곳에 복음을 증거하며 교회를 세웠다. 물론 가는 곳마다 유대교 전통과 복음으로 세워진 새로운 교회의 생활이 충돌하며 긴장도 유발되었지만 바울은 끊임없이 한 성령 안에서 세워진 한 몸의 지체들로 교회를 가르쳤다. 예루살렘 공의회가 유대교의 유전과 관습(할례)보다 복음의 증언과 성령의 역사를 우선한 것은 그리스도인이 지향해야 할 '문화공동체'의 원리가 어떤 것인지 분명히 보여준다. 이방인들의 문화와 특성을 존중하면서 성령의 자유로운 역사에 개방되어 있는 모습이다. 그리스도인이 지향해야 할 '문화공동체'는 이처럼 배제와 경계를 넘어 포용하고 존중하는 삶을 실천해야 한다.

한국교회는 예루살렘 공의회가 결정한 용납과 포용의 원리를 제대로 실천하는 공동체인가? 오늘의 시대는 마치 초대교회 당시와 마찬가지로 다양하고 다원적인 문화적 표현과 개성들이 표출되는 시대이다. 하나의 획일적인 관습이나 전통으로 모든 이들을 통제하기 어려운 시대인 것도 비슷하다. 이럴 때 만약 교회가 하나의 획일적인 표현이나 전통만을 고집하고 이와 다른 전통이나 삶의 방식은 배제하려고 할 때 과연 진정한 공동체를 형성할 수 있을 것인가? 한국교회는 한국 사회에서 진정한 '문화공동체'로서 모범을 보이고 있을까?

우리가 성경에 나타난 공동체적 원리를 따른다면, 오늘 한국 사회에서 첨예하게 나타나고 있는 세대 간 갈등과 충돌을 극복하고 화해와 상생으로 이끄는 중요한 역할을 감당할 수 있을 것이다. 특별히 지역사회인 도시와 마을에서 구체적으로 문화적 유대감을 높이는 공동체 형성에 기여할 수 있다면 그것은 이 시대가 요구하는 가장 절실한 선교적인 실천이 될 것이다. 청년들에게 공동체적 삶의 중요성을 알리고, 기성세대에게는 다른 생각과 경험을 존중하도록 인도하여 교회와 지역사회 모두의 '공동의 선'(the Common Good)을 추구하는 문화를 만드는 일이다. 앞으로 교회가 감당해야 할 '마을목회'의 비전이 바로 여기에 있다. 지역공동체가 함께 더불어 살아가는 문화를 형성하는 것이다. 사랑하고 인정하고 선에 속한 이들이 더불어 살아갈 수 있는 하나님 나라의 '문화공동체'를 세워 가는 사역인 것이다.

〈질문 3〉 한국교회가 지역사회에서 '문화공동체'를 형성하기 위해 반드시 극복해야 할 배제의 방식은 어떤 것들이 있는가?

◇ 공동기도문 ◇

하나님 아버지, 우리의 삶이 세상 속에서 다양하게 표현될 수 있도록 허락해 주심을 감사드립니다. 우리가 각자의 모습으로 하나님께 설 수 있도록 허락해 주심을 감사드립니다. 하지만 우리는 하나님께서 허락하신 대로 살지 못했습니다. 우리는 세상의 방식으로 살아가면서 나와 다른 이들을 비난하고 배제하며 살아왔습니다. 이 세대를 본받으며 살아왔습니다. 우리의 경험과 지식과 전통을 복음보다 더 앞세우며 살아왔습니다. 하나님께서 명령하신 대로 다른 이들을 사랑하고 존중하면서 선에 속한 하나님 나라의 '문화공동체'가 되기보다는 경계선을 그으며 우리의 주장만을 요구했습니다.

이제 우리 모두가 주님의 한 몸의 지체로 서로 존중하는 문화를 만들어가게 하옵소서. 각자의 역할을 인정하면서 서로 돕고 베푸는 문화를 세상 가운데 증언하게 하옵소서. 처음 교회가 시작될 때 성령의 역사에 순종했던 것처럼, 우리도 다양하게 역사하시는 성령의 인도하심에 개방될 수 있도록 하시옵소서. 특별히 한국 사회에 만연한 갈등과 충돌의 현장에서 우리를 선교의 도구로 사용하시어서, 더불어 살아가는 문화를 만드는 일에 쓰임 받게 하옵소서. 지역사회와 도시와 마을로 우리를 파송하시는 하나님, 우리의 헌신이 우리 이웃과 모든 이들에게 선한 일이 되도록 인도하옵소서.

이 일을 위해 우리가 먼저 우리의 몸과 우리의 육신의 삶을 하나님께 산 제물로 드리는 결단이 있게 하옵소서. 하나님께서 우리에게 원하시는 영적 예배를 삶 속에서 실천하기 위해 하나님의 뜻을 분별하는 지혜를 허락하옵소서. 우리 모두가 마음을 새롭게 하여 하나님 나라의 '문화공동체'를 세우는 일에 헌신하게 하옵소서. 우리 주 예수 그리스도의 이름으로 기도합니다. 아멘.